彼此敬重 积极沟通 相爱无碍 亲密满分

婚姻保鲜膜

——滋养婚姻中的爱情

Rekindle the Love in Your Marriage

胡慧玲 博士／著

四川大学出版社

责任编辑：敬铃凌
责任校对：夏　宇
封面设计：邓　涛
责任印制：王　炜

图书在版编目(CIP)数据

婚姻保鲜膜：滋养婚姻中的爱情/ 胡慧玲著.
—成都：四川大学出版社，2016.9
　（婚姻家庭系列）
ISBN 978-7-5614-9953-5

Ⅰ.①婚…　Ⅱ.①胡…　Ⅲ.①婚姻-通俗读物
Ⅳ.①C913.13-49

中国版本图书馆 CIP 数据核字（2016）第 235841 号

书名	婚姻保鲜膜——滋养婚姻中的爱情
	Hunyin Baoxianmo—Ziyang Hunyin Zhong de Aiqing
著　者	胡慧玲　博士
出　版	四川大学出版社
地　址	成都市一环路南一段 24 号（610065）
发　行	四川人学出版社
书　号	ISBN 978-7-5614-9953-5
印　刷	深圳市希望印务有限公司
成品尺寸	170 mm×230 mm
印　张	10.75
字　数	128 千字
版　次	2016 年 10 月第 1 版
印　次	2016 年 10 月第 1 次印刷
印　数	0 001～6 000 册
定　价	34.00 元

◆读者邮购本书，请与本社发行科联系。
电话:(028)85408408/(028)85401670/
(028)85408023　邮政编码:610065
◆本社图书如有印装质量问题，请
寄回出版社调换。
◆网址:http://www.scupress.net

滋养婚姻的爱情秘诀

· 彼此敬重
· 积极沟通
· 相爱无碍
· 亲密满分

序　言

唯真有爱　全人成长

现代人要"谈情说爱"并不困难，但纵观当下社会文化的种种状态，人们不禁心生怀疑：现代人真的了解"爱"吗？真的能够去"爱"吗？爱不仅仅是嘴上所讲的甜言蜜语，也不是强迫对方接受，更不是"我得不到，别人也休想拥有"的自私狭隘想法。

无奈的是，在许多家庭中，真正真实的爱已经很难寻觅，为什么呢？家庭中出现的问题虽然复杂，但分析个中缘由，大多受到"身心灵的弱点与痛楚""对婚姻的不忠""人际关系的挫折""失落"等主要因素的影响。因此，我们需要重新认识、体验、分享真爱。

真爱是什么？

什么才是真爱？

真爱即是委身，真爱是不惧怕，真爱是愿意付出，真爱是去伪存真，真爱是宽待别人约束自己，以这样的真爱为基础去经营婚姻家庭、亲子关系、人与人之间的关系，就一定能促使自己、自己的配偶、自己的儿女，以及朋友全面成长。

真爱家庭协会

C目 录
CONTENTS

1 一世情缘最高准则　　　　　　　　　　　　　1

一世情缘要经营 / 1

婚姻的好处 / 2

有意义的人际关系 / 3

一世情最高准则 / 4

设立婚姻的目的和意义 / 4

"爱与敬重"的良性循环 / 7

婚姻九大迷思 / 9

2 婚姻可以像天堂　　　　　　　　　　　　　　15

幸福需要培养照顾 / 16

为婚姻打分 / 17

幸福美满婚姻的特色 / 17

3 健全关系的基础　　　　　　　　　　　　　　25

尊重是健全夫妻关系最重要的基础 / 26

"啊!"的鼓励 / 26

"啊!"的决定 / 27

爱的珍珠 / 27

配偶价值，自己定 / 28

摒除不尊重对方的习惯 / 28

三种稳定快乐的婚姻 / 35

不良配对 / 36

虎羊变色 / 37

婚姻满意度 / 38

4　家家有本难念的经　41

婚姻中常见的问题 / 42

家家有本难念的经 / 42

5　常见的外来压力及影响　53

常见的外来压力 / 53

健康婚姻，抗压性高 / 58

抵挡婚姻小白蝇 / 59

婚姻问题带来的影响 / 59

6　婚姻不敢提的欲望　63

重大影响 / 63

婚姻存活率 / 64

平实婚姻中不敢提的欲望 / 64

7　有效保养法　71

有效保养法 / 72

8　互相取悦　83

固定维修，历久弥新 / 83

15分钟差距 / *84*

电波、频道要对准 / *84*

爱的五种语言 / *85*

天生特质不同 / *92*

走入对方的世界 / *97*

9   **男女基本情绪需要**   *99*

女人的基本情绪需要 / *99*

施工中，诸多不便，敬请原谅！ / *105*

男人的基本情绪需要 / *106*

正确称赞 / *115*

多练习，就会习惯 / *117*

投其所好，获得高分 / *118*

10   **沟通知多少**   *119*

夫妻沟通五大抱怨 / *119*

人人渴望深层沟通 / *121*

良好的沟通 / *121*

沟通的阻碍 / *122*

完整的沟通 / *124*

沟通的目的 / *125*

最固执的人 / *128*

11   **建设性冲突**   *129*

夫妻冲突时常见问题 / *129*

解决那可解的，接纳那无解的 / *131*

建设性冲突 VS 拆毁性冲突 / 131

"冲突花" / 132

"毕业花" / 133

建设性冲突的正面效果 / 133

夫妻处理冲突的提示 / 135

12　**吵架须知与修护**　　　　　　　　　　139

夫妻吵架须知 / 140

夫妻争吵后的修补 / 148

修补四步骤 / 148

越帮越忙 / 149

将人生化为珍珠时刻 / 151

附录一　　　　　　　　　　153

附录二　　　　　　　　　　154

附录三　　　　　　　　　　157

附录四　　　　　　　　　　160

附录五　　　　　　　　　　161

1

一世情缘最高准则

"一世情缘"对许多人来说有如神话故事般难以奢求。

婚姻是上天为人类所精心创造和设计的真爱方式，我们将以智慧为准则来谈论婚姻。

一世情缘要经营

彼此相爱的公主和王子结婚后，过上了无忧无虑、幸福快乐的生活。已婚人士可以告诉你那绝对只是童话故事里面虚构的浪漫情节而已！婚姻关系可以成为人与人之间最滋润、最坚韧持久的关系，不过却需要夫妻二人努力经营才能成为彼此调适与成长的空间。假若夫妻不懂得经营、维护婚姻关系，那么不管婚前如何相爱，婚姻仍然可能变成令人失望、痛苦的枷锁。

有个儿子很喜欢看恐怖小说，要爸爸为自己介绍一本好看的

"恐怖"小说。这位爸爸很认真地思考后说："是有一本这样的书，我看了很多年还觉得很恐怖，那就是'结婚证'书。"

尽管这只是个笑话，但是这位丈夫对婚姻的评价可见一斑。的确，有些人常常会觉得婚姻中痛苦的滋味多于幸福的感受。婚姻原本是很美好的事情，为什么有些人却会有"婚姻是恐怖的一本书"这样的感受呢？

婚姻的好处

幸福美满本是二人组成家庭时的理想憧憬，双方都希望可以在婚姻中，分享彼此的思想及情感、喜悦及痛苦、希望及担忧、成功及失败。"婚姻家庭研究中心"曾经做过调查，大多数已婚人士比未婚人士的确更胜一筹。

一般来说已婚人士饮食与作息有规律，所以身体比较健康；较少酗酒，较少从事危险性活动，所以寿命都要略长一些；又因为要养家糊口，知道积谷防饥，所以资产也比单身人士丰厚3至4倍。

与之相比，单身人士想吃就吃，不想吃就省下一餐；作息时间无规律；又因为没有需要负责任的对象，所以会去做一些刺激和危险的活动；花钱时出手太方，只要自己感觉高兴就好，其个人资产财富往往较之结婚人士更少。

另外，有些人不想受婚姻的羁绊，只想同居，两人高兴就在一起，不喜欢就分开。然而这些同居人士难免有飘忽不定的感觉，较之结婚人士而言一般没有固定及满意的性生活。

这里所谈的不是说结了婚的人对性生活都很满意，而是相对

"已婚"和"单身"人士之间所做的比较而言。

在人伦社会诸多关系中，人与人之间大多不能保持一辈子联络与亲密。父母会因健康或年老原因提早离开世界。亲子之间，也会因为子女结婚成立家庭，而不再与父母住一起。朋友之间，可能因为一方搬迁或处得不好就失去联系或分手。

唯有夫妻之间的关系才是能够紧密维持一生一世的。

有意义的人际关系

现代人特别注重身体健康，各式运动、休闲减压及健康食品非常盛行。

但是据统计，单靠这些活动与食品并不见得使人变得更健康，反而心脏病、高血压、糖尿病等成了现代人司空见惯的疾病。

调查发现，想要健康长寿，有意义的人际关系更重要。

根据研究，做心脏手术的病患者，在手术前六个月是最危险的。而这些心脏手术后的患者，如果拥有良好的人际关系，其死亡概率会比其他同类病患者减少7成。

我们再次强调：有意义的人际关系是指互相鼓励、帮助、欣赏、相爱的和谐关系。

事实上，夫妻关系应是最有意义的人际关系，再加上患者健康的心态，自然对生命力和健康指数有很好的帮助和提升。

另外也有一个有趣的实验。在实验室分别喂养两组小白兔：一组只有固定喂食；另一组除了喂食之外，每天将它们一只只抱起来抚慰。实验结果是，两组白兔体内的胆固醇指数居然不一样。经常被人抚摸的兔子，其胆固醇比没有被抚摸的兔子少60%。也就是说，连动物都需要有被爱的关系才会更健康。

一世情最高准则

虽然如此，对许多人来说，维持"一世情"，彼此深深相爱，不离不弃，却仍然如神话一般难以企及。所以笔者首先要强调的是，婚姻是上天精心创设的，作为人类社会之基础，它会使夫妻双方都得到益处。

设立婚姻的目的和意义

1. 解决孤单问题

一个人离群索居肯定不好，在上天创造的世界里貌似一切完美，但还是会令人感觉有一点孤单。婚姻可以解决这个问题，夫妻互相陪伴才是最美好的。

"独善其身"不是上天的原则，因为两个人总比一个人好。除开一些个人的特殊原困，男大当婚，女大当嫁。

2. 帮助者

夫妻成全并充实彼此的生命，彼此心心相印，共同工作，互相商量，彼此请教，两人携手合作开创人生！

3. 互为伴侣的盟约

婚姻是互为伴侣的盟约，一方给予另一方所需求的伴侣之爱，使之不再孤单，与对方在心灵和身体上亲密结合。

4. 离开父母

每个人最终都将离开父母，与伴侣结为一体。而亲子之间的关系也不是互为伴侣的盟约，只有夫妻关系才是互为配偶、白首偕老的盟约。若以父母或子女取代配偶的地位，婚姻就会产生悲剧。

【案例探讨】

雅芬与建华结婚五年，虽然没有与婆婆住在一起，却因婆婆插手夫妻两人的大小事令这对夫妻感受到无比大的压力。

最近婆婆与雅芬之间又闹不愉快，婆婆甚至当着雅芬的面对光华说："老婆可以再娶，老妈只有一个。"这句话使雅芬内心感到伤心不已！建华还是爱雅芬的，但也不想忤逆母亲。请问，为人子和为人夫的建华应如何处理这两个女人之间的战争？怎样才能孝顺母亲又不委屈妻子？

上面所提到的"离开父母"，并非不必孝顺父母。事实上，每个人都要尽力孝敬父母。这里所指"离开"的含义是，自成一家后，需要为自己的决定及行为负责。结婚之后，丈夫是一家之主，若是男人仍唯父母之命是从，问题必然产生。

做妻子的也同样，若是结婚之后将丈夫置于娘家之后，或是将重心转到孩子身上，而忽略了丈夫，这个妻子就没有与先生"结为一体"。

所以笔者建议丈夫应更多地疼惜与体贴妻子，先将妻子疼惜得服服帖帖的，再带着她一起孝敬双亲。

5. 联合

"联合"指"相拥在一起"的身心结合，是密不可分的关系。好像两张用胶黏在一起的纸，若硬要将之分开，两张纸必定会被撕破。

6. 结为一体

社会人伦关系中最亲密的关系就是夫妻关系。

只有夫妻可以合为一体。我们不可能跟老板、朋友、孩子成为一体，而只能跟配偶合为一体。所以，婚姻若只是合法，却没有两人如一的联合，将会显得空洞，不能令人满足的。

丈夫当爱妻子，如同爱自己的身体；爱妻子，便是爱自己。从来没有人憎恶自己的身体，总是保养顾惜。丈夫对妻子好，就是对自己好；体贴照顾妻子，就是在体贴照顾自己。

人犯罪的时候，会感到羞耻；不犯罪的时候，就光明磊落。夫妻之间的关系合理合法，没有什么可隐瞒，是荣耀的关系！

因此，理想美满的婚姻，可以解决孤单的问题，使夫妻二人携手互助。夫妻二人离开各自的父母结婚后独立整体，联合，彼此守候一生一世。

"爱与敬重" 的良性循环

夫妻相处之道是有讲究的：丈夫当爱妻子，如同爱自己；妻子也当敬重她的丈夫。当丈夫爱妻子，妻子就自然敬重丈夫；当妻子敬重丈夫，丈夫自然就爱妻子。这是一个良性循环。反之，当妻子没有感受到丈夫的爱时，她就无法敬重丈夫；当丈夫没有体会到妻子的尊重时，他就无法爱妻子。于是婚姻掉进恶性循环中。

在本书中我将从爱与敬重的角度来探讨婚姻关系。

没有爱，妻子无法敬重；没有敬重，丈夫无法爱

若丈夫说："我很尊敬我的妻子，但我不爱她。"或是太太说："我很爱我的先生，但是我无法尊敬他。"这两种状况的婚姻，其结果都不会是幸福的。因为，如果得不到丈夫的爱，妻子将无法敬重丈夫；得不到妻子的敬重，丈夫也就无法爱妻子。

所谓爱对方，不是一味地用"自以为是"的方法。就像电视、收音机的天线没有对准频道就收不到节目。发电子邮件写错地址对方也就收不到信息一样，先生对妻子表示爱意，需要对准太太"爱的频率"发出信号，不然妻子肯定收不到爱的信息。所以丈夫要更多了解妻子爱的需要。夫妻如何了解彼此爱的需要，我们在稍后的章节中会反复提到。

【案例探讨】

丽娟是一位能干的职业妇女，做事利落果断，在公司人人敬重她。回到家，丽娟想好好休息一下，但是她看到

先生鸿达做事的样子就有气，更别提鸿达赚的钱根本就不
敷家用。只是丽娟不知道为什么自己总是怒火中烧。他们
的婚姻出现了什么问题？

现代家庭有很多妇女真的很厉害，家里家外所有事情
一手包揽，甚至工作上所赚的钱也比丈夫的多，渐渐地便
生出看不起丈夫的心，在家中说话的声音就越来越大。通
常这种家庭中，丈夫越来越退缩，而妻子就更加不高兴、
满腹牢骚，于是家中暗潮涌动，气氛低迷。

妻子若太过强势，经常不敬重丈夫，甚至责骂丈夫，
在外人和孩子面前让丈夫抬不起头来，丈夫就会更加退
缩，不知道要如何爱太太，或者根本不敢表达爱。

这里的意思不是说女人要埋没自己的才能，只有待在家中相夫
教子才是才德妇人。事实上，男女天生就一样。然而家庭是两人共
同营造的，女人无论赚多少钱，仍应尊重丈夫。聪明的女人，不管
丈夫机运与能力如何，都会尊重丈夫的。

妻子懂得尊敬丈夫，丈夫也就更知道如何来爱妻子。美好的婚
姻秘诀是，妻子需要被丈夫爱，丈夫需要被妻子尊重。

接下来，我们看看一些较普遍的错误观点，来纠正婚姻的迷思
与误导。

婚姻九大迷思

1. 男女结婚完全是因为互相吸引，沉浸在浪漫的爱情中

人结婚的原因可以有很多种，浪漫爱情只是其中之一。其他如经济压力、寂寞、缺乏安全感、父母压力、性诱惑、怀孕，都可能是主要原因。

奉子成婚

有这样一对年轻人，因女方怀孕，于是奉子成婚。

在进行婚前辅导时，男方认为女方怀孕是彼此最主要的结婚原因。另外，男方也认为结婚以后过性生活时就不会再怀有罪恶感。然而，若是为了孩子而成婚，孩子不如己意时，又当如何？况且婚姻关系绝对大于性关系，此年轻人为满足性欲而结婚，婚后面对的失望与挑战将有很多。

父母施压

也有年轻人受不了父母的催促压力就草草结了婚，他们这样对待婚姻的态度也是不严肃的。婚姻是一生一世的事情，若是没有爱情，为了符合别人要求而结婚，婚后就会感觉痛苦万分。

移民压力

我19岁时，父母就将我及三个年龄比我小许多的妹妹带到美国，然后他们自己就回到台湾，继续赚钱供给我们的生活。年纪尚

小的我，除了要面对新移民各种陌生环境与语言障碍的学习与适应之外，还要照顾三个妹妹的饮食起居。

我每天要买菜、做饭、洗衣服，接送妹妹们上学和放学，个中的压力可想而知。于是心想，不如早点结婚，这样也好有个帮手。此时，身边虽然也不乏追求者，但都不是适婚年龄。只有我先生的年龄合适结婚，于是他成了我的"救星"，并在生活各方面给我很多帮助。因此，我在20岁时与先生订婚，让他可以更名正言顺地照顾我及我的妹妹们，22岁就与他结婚。也就是说，我结婚的动机也并不是很正确，以至于婚后很快就出现了问题。

2. 婚姻难处缘起于男人与女人的差异

存在差异不是问题，处理差异的方法才是问题所在。男女之间原本就存在许多根本上的差异，这些差异并没有对错或好坏之分。事实上，就是各种各样的不同才会使这个世界变得更加美好。

然而问题也会因此而产生，其关键在于不会处理彼此之间的差异。夫妻之间只要懂得用好的方法化解差异，就会使关系得到改善。

我们会在第二章里向婚姻美满的夫妇学习相处之道，并在第八章里学习认识男人与女人的不同。

3. 浪漫爱情是美满婚姻的必须

事实上，有许多美满婚姻并不浪漫，重要的是夫妻两个都满意即可。我们会在第三章讲到稳定快乐的婚姻种类。

4. 寂寞可借婚姻来治愈

孤单的感觉的确不好受，为排解寂寞而结婚，期待配偶来满足自己所有情绪需要，这样的期待是不健康的。

单身人士应该好好把握现在，享受单身生活，结婚后才会懂得享受婚姻生活。

假如两人都是因寂寞结婚，婚后多半会变成两个寂寞的已婚者。我们将会在第四章认识婚姻中健全人格的重要性。

5. 子女能改善触礁的婚姻

孩子是婚姻的果实，不只会带来满足感和成就感，还会使父母的生命更加充实和成熟。若是日后婚姻不幸福，至少子女还会给自己带来不少安慰。

然而有些人婚姻出问题，希望借助生一个孩子来走出婚姻的低潮。但他们却不知道养育孩子会占据、消耗很多时间与精力，夫妻之间维护关系的时间与精力就相对减少。因而，这个想法不但对婚姻没有帮助，有时只会适得其反。

许多婚姻专家认为，若想享受婚姻最大的乐趣，就不要生孩子。第四章会提到教养问题也将会成为婚姻当中的一大压力。

夫妻互动方式也会影响子女以后的婚姻。有对夫妻感情不好，但他们的孩子却十分出色，有所成就，所以这对父母在哺育孩子的过程中也有成就感。

不幸的是，因为这个孩子在成长过程中对父母的冷淡互动方式耳濡目染，结婚之后，他自己的婚姻也可能有触礁的危险。

6. 大多数婚姻中的人既相爱又浪漫

在经历新婚浪漫过程之后，大部分夫妇结婚半年之后，爱情明显衰退。调查显示，一般夫妻关系满意度从结婚开始就一路往下滑跌，孩子青春期是关系最低落的时期。

在这一时期，很多夫妇就此婚姻关系破裂，直至以离婚收场。所以，读者朋友应时时注意改善自己婚姻的质量，提升亲密度。在第六章和第七章将谈到婚姻当中不敢提的欲望及有效保养方法。

7. 压抑自己情绪，顺从配偶

所谓的"顺服"是指在内心真正谦卑，欣赏对方，而不是无原则的屈从，或阳奉阴违。

假如明明内心已经不痛快，还拼命压抑自己的情绪，本来想说"不"，却要强迫自己说"好"，这种心理是很不健康的。

负面的情绪压是压不走的，它会埋藏在身体里面，慢慢发酵，导致身体内部出现问题，最后就以病态的形式彰显出来。

不主动表达自己内心想法或是压抑自身的情绪，并不能使对方了解你的心意。结果冲突事件继续发生，表面和平、心中愤怒，对婚姻只会产生负面影响。在第十章中我们将学习如何良好沟通。

8. 美满婚姻从不吵架

这种观念是绝对错误的。美满婚姻不是不吵，而是如何正确地"吵"出结果来！不同的人在一起生活，彼此之间的想法肯定会有所不同。不同的想法难免有争执。

要是真的有彼此之间从来不吵架的，那么，这两个人之中，很有可能至少有一人已经对婚姻失望到准备放弃了。在第十一和十二章，我们将探讨如何建设性地与对方起冲突、吵架须知及修补措施。

9. 不快乐的婚姻，无须他人介入，也可自然恢复相爱

不快乐的婚姻可能会暂时恢复和好，但是若要在彼此的互动与沟通方式方面有所突破，则需要有智慧的人从旁协助。

特别是当人们遇到婚姻问题时，经常是剪不断理还乱，静不下心来听自己内心的声音，此时非常需要有人关怀与辅导，才不会"错上加错"，修复才有可能。

夫妻双方享受婚姻之美妙，彼此心心相印，携手同行，互相帮助、共同合作，彼此敬重，身心融合，成为一体，走向理想状态。

丈夫与妻子之间若有智慧引领，必能建立荣耀的幸福婚姻。

2

婚姻可以像天堂

对配偶有积极正面的看法，

强调彼此委身，

有相同的人生目标，

是许多幸福婚姻共同的要素。

有人说婚姻好像一道门，

门外的人想要进到门里去，

而门里的人却想要冲出门外！

听起来真悲惨！许多人也真的在结婚之后，不但不再有飘飘欲仙的恋爱感觉，反而还产生了如人间炼狱一般的悲凄体验。所以有些已婚的"过来人"就苦劝单身贵族们，婚姻生活搞得好像天堂，搞不好就像身陷地狱，所以还是单身好，这样至少还生活在"人间"！

事实上，不少人对"婚姻是恋爱的坟墓"这句话心有戚戚焉，纷纷表示结婚后恋爱的甜蜜感觉早已悄然不见。

过去两人的手碰一下，马上就有触电的感觉，现在不但不再来电，也不再有新鲜感，更无幸福可言。

当然也有一部分人认为婚姻生活虽不像天堂，也并非像是在地狱。我们将在这章中，探讨如何把婚姻经营得像在天堂一般。

幸福需要培养照顾

到底什么才是美满婚姻的关键要素？太太和先生都从自我出发，观点当然差异颇大。一般来说，太太希望先生在外事业干得出色，会赚钱，受人尊敬，回到家里要对自己浪漫体贴，陪小孩玩，陪小孩做功课，包办所有家务。先生对太太的期待则是要像小鸟依人一般温柔，体贴不唠叨，聪明能干，做一手好菜，包办家务，照顾自己无微不至，孩子不用自己操心，若能帮忙赚钱更好。

根据上面各自不同的期待，可以归纳如下：一个完美的男人和一个完美的女人，组成了完美家庭，共度十全十美的人生。

问题是在现实生活中每个人都不完美，完美的人士不是难找，是根本没有。原来各自都期待对方来满足自己需要，难怪婚姻很难幸福！

如此说来，幸福婚姻何处寻？难道是靠运气，瞎猫碰到死耗子，不小心给碰上的吗？其实，有美满婚姻的人都会说，不是的。正确方式是，婚前仔细寻找与自己较配搭的伴侣，做好婚前准备与辅导，这样的新婚夫妇在起跑点上就会较占优势。

但是，婚姻常保新鲜，让爱情永驻，与运气无关，一定是双方经过共同努力经营才有可能实现。

就像一株植物，需要有恒心的悉心照顾，才会健康茁壮地成长。固定培植的方式如施肥、松土、浇水、除野草、杀病虫、防霜寒，婚姻也是如此，双方愿意委身其中，细心照顾和护理，才能把婚姻培育好。

为婚姻打分

一般来说，妻子比丈夫有较多的抱怨。假若以1至10为婚姻打分，1分是很不满意，10分是非常满意，通常妻子会比丈夫少打3分。也就是说，要是丈夫对婚姻评价9分，妻子平均只评价到6分。这当中的差距就是从"很满意"掉到了"刚刚及格"而已！可见双方对满意度的看法有相当大的落差，看来夫妻应更多了解对方的需要，才能建立双方都享受其中的婚姻。

幸福美满婚姻的特色

然而夫妇二人对婚姻生活都很满意的也大有人在。

婚姻研究者找到300对婚龄15年以上，夫妻两人对婚姻打8至9分以上的佳偶。以问卷方式请这300对美满夫妇回答他们的相处之道，再从答案中归纳出重点，发现他们的婚姻不是凭空快乐，而是有客观因素存在的。

1. 对配偶有积极正面的看法

首先，他们对其配偶都有积极正面的看法。他们把配偶看作是自己最知心的朋友。所谓的好朋友，就是喜欢找时间相聚，惺惺相惜，互相欣赏。当我们对一个人有正面的看法时，对对方有激励作用，他会更想取悦对方。

相反，若是经常对配偶有负面的评价，则对关系有损无益。太太看先生活像是一个木头人；先生看太太也是有"妇人之见"的成见，这就很不妥当。很多时候，彼此都先入为主地认为对方不懂自己，也就不愿花工夫和时间沟通和建立情感。

将好人变坏人

有一位太太去咨询婚姻辅导师。讲起她的先生在婚姻初期原本是如何的绅士，但是结婚10年之后，俨然变成另一人。如今在太太眼中的他早已成为卑鄙、无耻、差劲、不负责任的人。

这位气愤无比的女人数落起来，一口气诉说了整整40分钟，先生的"罪行"简直就是罄竹难书。

婚姻辅导师一直沉默，听完这名女士抱怨之后，才娓娓说道："你真是很厉害，可以在短短的10年之间，把一个曾经是那么好的人变成这么不好的人。"

这引起了我们的反思：夫妻相处是互相影响的，若我们对配偶没有好话说，婚姻是好不了的。

友谊与浪漫

许多婚姻研究发现，友谊与浪漫经常同时出现并紧密关联。甚至专家还发现，许多"外遇"都是从友谊发展起来的。这300对佳偶不只对他们的另一半有积极正面的评价，甚至都将对方当成是自己的挚友。

我们每个人都喜欢与最好的朋友闲聊，没事就耗在一起，而这正是这些夫妇的写照。"朋友乃时常亲爱。"他们平均一天要聊一个钟头。假如你和配偶无法成为好朋友，那么你们之间自然也就"浪漫"不起来了。

一般夫妻谈心时间极少

有调查发现，在美国一般夫妻之间每天平均讲话时间只有2分钟，而所讲的内容都是事实陈述，或对感情没有帮助的话。比如："电费增加了，都是因为你没有随手关灯。""孩子的成绩单发回来了，只是拿了C，早就叫你注意督促孩子的学习。"这些话语只会让听的人逃之夭夭。

化整为零

有人认为：每天要做的事这么多，哪来那么多时间谈心？其实，只要花一点心思，就找得到时间。可以将时间分为早、中、晚三个时段。例如，早晨起床10分钟彼此打气，中午休息10分钟再聊一下，下午工作时间打个5分钟电话互道思念，下班见面10分钟了解彼此一天情况，晚餐后闲聊15分钟，最后临睡前再用10分钟互通款曲。这样化整为零，是完全有可能的！

给对方机会共享人生

先生有什么挫折或不高兴的事并不认为太太会懂；同样，太太不顺心或有想法时也觉得丈夫不会明了。结果彼此都将苦恼闷在心中，或找其他人诉苦。这样不给对方机会，共享人生起伏，如何同心同行！

她不会懂

由10个离婚女人组成的团体治疗小组，在群情激奋地声讨男人真不是好东西时，发现辅导员没有一起加入同仇敌忾的声讨。于是有人酸溜溜地说："唉！我们的辅导不会懂我们的辛酸，因为她好运，嫁了一个好老公！"辅导员终于开口："你们说得没错，我的丈夫真的与你们的不同，他有许多高尚的品格，有温和的性情。他虽然有缺点，但是他的优点大大超过他的缺点。我真欣赏他！"原来，夫妻的关系是建立在互相欣赏之上的。

我们对配偶的看法会影响配偶与自己的互动，因此我们要努力与配偶进行良性互动来改善婚姻关系。

2. 强调彼此委身

在美国，有一个广受欢迎的经典结婚誓言："我与你在上帝面前结为连理，从今以后，不论是顺境或逆境，富足或贫穷，健康或疾病，我愿意与你厮守，敬爱你，安慰你，尊重你，扶持你，直到死亡将我们分离。"这就是"委身"！这个誓言特别提出富有挑战性的人生关卡——逆境、贫穷及疾病，这些状况最容易使人心生异离。

这300对恩爱夫妻的另一共同特点就是誓以忠诚，绝不将离婚挂在嘴边，不论人生出现什么样的困境，发誓一起面对，终身信守在彼此身旁。

不提离婚

两个不同性格、背景的人相处势必会有许多摩擦与冲突，再加上世事难料，难保不遇上不如意的生活难关。若是夫妻动不动就提离婚，会给婚姻带来极度的不安全感，自然也就无幸福可言。

现今的年轻夫妇一旦不高兴，吵起架来常会将离婚挂在嘴边，动不动就以分手来要挟。

事实上，当一方第一次提出离婚时，另一方可能感到惊讶和害怕。最先提离婚者也许觉得，以此法威胁很好用，于是就经常使用。殊不知，不出三次，原本不想离婚者也开始觉得，离婚可能是抛开婚姻烦恼的一条出路。

甚至笔者也听说过这样一句话：男人有钱就变坏，女人变坏才有钱。这里所传达的是完全以自我为中心，忽略了婚姻中委身的重要性。

坚决不放弃

有一位农夫去银行找贷款的承办员，说有一个好消息和一个坏消息要告诉对方，就问贷款人想先听哪个消息。贷款人说，先听不好的消息吧。于是农夫说，近日发大水，把去年贷款买的种子泡烂了；又因为农田淹没，粮食颗粒无收。另外，去年贷款买的机器设备也不幸锈蚀坏了。只见贷款人拉长了脸，问农夫这种情况之下还有什么好消息可言。农夫赶紧说，好消息就是自己仍然决定向这名贷款人申请贷款，打算东山再起。这当然是一则笑话，却也是一种坚决不放弃的委身。

值得一提的是，据调查"同居与试婚"90%不成功。其中的原因不难想象，那就是因为没有彼此委身！两人若是想碰碰运气，合则来，不合则离，就会发现"离"较容易，要"合"则需要付出代价。两个不一样的人，家庭环境、成长经历、兴趣性格不同，要生活在一起，必定会有摩擦，需要双方付出极大努力去调整。

婚姻不仅是一纸凭证，而是委身的宣誓，双方承诺共同相守直到永远。若是抱着可合可分的想法，把事情看得太过简单，那么没有付出最终就没有结果。想恩爱不渝、厮守一生，就要坚持找出一条路。

3. 相同人生目标

人生到底什么最重要？若是将信仰、夫妻、子女、事业、朋友、金钱、休闲等这些有重要价值的目标做优先次序排列，你将如何安排？

若避开信仰不谈，这300对恩爱夫妻都将夫妻关系排在最前面，在事业、金钱与家庭发生冲突时，这些人以家庭关系为重。这个课题说起来容易，做起来则需要很牢固的信念才能真正做到。

一个病入膏肓的人最放心不下的就是自己的家人。有没有一个即将过世的人还在懊悔过去没有好好做好金钱投资的事？没有！人一辈子的辛苦所为何来，真是值得每个人仔细思考。

【案例探讨】

伟强与家琪感情不错，家琪专职在家，负责养育两个活泼可爱的孩子。只是与许多小家庭一样，家里的经济经常入不敷出。伟强最近有一个难得的升迁机会，但是一年需要有一半的时间在外地出差。夫妻俩觉得只要每天以先进的通信工具沟通，应该不会有什么问题。但是到后来还是有点犹豫，你会给出什么建议？理由是什么？

所谓"贫贱夫妻百事哀"的现象是存在的，然而经济状况固然重要，家庭婚姻才是最重要的。笔者常见到的案例是，家庭成员为了能赚更多的钱，爬升更高的职位，换更大的房子，买更好的车子，享受更豪华的旅游，有更多的享受，而牺牲了家庭时间，于是夫妻聚少离多。行为上美其名曰为家庭打拼，但是许多夫妇到头来却劳燕分飞，家庭四分五裂！

所以，笔者认为，豪华别墅、高级跑车以及其他一切物质等享受，都不是生活必需的。只要生活过得去，节俭、辛苦一点，全家人高高兴兴、快快乐乐地在一起，逛逛免费的公园，进行低消费露营，都比有钱之后形单影只的享受要好得多。

人生当中美好的事有很多，但是优先次序的安排、时间的运用反映出我们真正的信念。想要有幸福美满的婚姻，就要花时间与精力去营造，相对的就要在其他目标上有所取舍。

可以看到，这300对恩爱夫妻对配偶有积极正面的看法，把对方看成是自己最知心体贴的挚友，每天有一个小时以上的沟通时间。

　　无论人生遭遇何种情形，坚持委身，绝口不提离婚，将家庭快乐美满作为人生至高目标，这就是他们婚姻的成功秘诀。

3
健全关系的基础

虽然"彼此尊重"的告诫我们耳熟能详，

其实却很抽象。

健全关系要从正确看待对方开始，

如把对方当贵族一般尊贵，

对方就如同黄金一样贵重，

……

　　成功婚姻的家庭中，夫妻都很尊重对方，因为尊重是健全关系的基础。许多人结婚之初想通过"改变"对方，来迎合与满足自己，这样的想法行不通。结婚不是为了改变配偶，而是要尊重和欣赏对方。若认为婚后可以慢慢改造对方，那么其婚姻生活必定会令人失望无比。人有"掌控"另一方的欲望，是因自身安全感比较低的缘故，所以想要通过掌控别人来增加自己的安全感，这样的婚姻生活关系不平衡，幸福感也不高。

尊重是健全夫妻关系最重要的基础

虽然彼此"尊重"一词对很多人来说是耳熟能详的，但其定义以及如何尊重则颇为抽象，令人难以捉摸。所谓的"尊"指的是有尊贵的身份，如贵族一样。而"重"则是重要、有分量、有价值，有如黄金一般。所以，一切健全关系要以看待对方如贵族，如黄金为基础。不是期待改变对方来配合自己，而是欣赏对方。

养狗的人都有这样的经验，主人若外出旅游两星期回到家，小狗看到主人，必定欢喜快乐地又蹦又跳。而若主人出门5分钟后发现忘带皮夹回家去拿，小狗看到主人又回来，虽然几分钟前才看过，仍是兴高采烈地欢迎主人。

也就是说，不论主人离开家的时间是长是短，狗都会热烈地迎接主人，它的内心对主人充满热爱与期待，因此，我们说狗是人类最忠诚的朋友。

流浪汉的狗也不例外。狗与流浪汉主人在路边看到一个个西装笔挺的人走过，它一定不会离开主人而移情别恋。因为在它眼中主人无比尊贵，对其欣赏至极。

"啊！"的鼓励

我喜欢将尊重的震撼比喻为"啊！"的鼓励。7月4日是美国国庆日，举国欢庆，燃放焰火。许多人会预先买好入场券，在当天下午去放焰火的公园占一席之地，为的是晚上9点半放焰火时能近距离观看。等时间一到大家席地而坐，每个人都有呼之欲出的期待。

在焰火终于升空爆破的刹那，人们会感受到那强而有力爆破的震撼。公园里每个人都情不自禁地喊出："啊！"怎么这么美！这叫作震撼！当我们见到我们的配偶是不是也有这样震撼的感觉？

"啊！"的决定

有些人会抗议：你不知道我们家的那个人，又邋遢又差劲，简直一无是处。你若知道必定"啊！"不出来！但是，又有谁没缺点？我们自己不也有一堆缺点吗，难道就不值得尊重？在上天的眼中，每一个人都是宝贝。每个人都有"公主"和"王子"的尊贵身份。所以每个个体有其存在的价值，也都值得尊重。尊重不是来自感觉，而是一种理性决定，是下定决心认可对方的价值。

爱的珍珠

我的先生是个非常务实、节俭的人，平常不太会用送礼物表达爱意。虽然他知道我喜欢花卉，但绝不买剪下的鲜花，顶多买有泥土的盆栽花。如此花谢了枝子还可以拿到后院去种，才不浪费。

但是，有一回先生听了一通婚姻辅导老师讲的道理，爱老婆要舍得付出，甚至要付出到感觉心痛，才是真正的爱的表现。

辅导老师说的话没想到先生真就听进去，并且照着去做。他心有所感，决定要更爱我这个妻子，想到过去他一直没有买过什么像样的珠宝送给我，于是就买了一条珍珠项链。

我对丈夫"牺牲的爱"心存感激，对项链当然也就异常珍爱。

就算在家中我也会佩戴。但是此珍珠项链是用线串起来的，戴久了线也松了，需要重新加固。我将它拿到珠宝店希望能够马上就修好，没想到他们居然说需要一个星期的时间。

我暗忖自己不会分辨真假珍珠，担心会被调包。正犹疑不决时，老板似乎看出了我的顾虑，于是建议写一张详尽的估价单给我。我勉强同意，看到估价超出原价的4倍。照理说我应该感到很高兴才是，但是我对那串珍珠项链仍然难舍难离。因为不管珠宝商出多高的价钱，我都不愿意出售这条项链，它对我来说就是"无价之宝"。

配偶价值，自己定

就像这串珍珠项链因为是我的，其价值就由我而非珠宝商定的一样，你配偶的价值也在于你如何确定！你若把配偶看作无价之宝，你的配偶就是又尊贵又重要的宝贝。但是假若你把你的伴侣看作是可以替换的，自然也就不会尊重了。爱与尊重是密不可分的。

摒除不尊重对方的习惯

夫妻关系太过亲近，就好比牙齿与舌头，有时讲话太过急快，或是吃饭时一边咀嚼，一边讲话，时常就会咬到舌头。接下来我们要谈谈婚姻中不尊重对方的现象，好让我们尽量避免这种情况。

1. 忽略或藐视配偶的意见、忠告或思想

快乐的婚姻的共同特点是"愿意被配偶影响"。夫妻朝夕相处，许多成长故事都已听过，常常会自以为很了解对方，不经意间就会忽略和藐视配偶的想法和意见。当配偶还在说话的时候，就打断或批评配偶。

批评配偶的思想、言论都是对配偶不尊重的表现。

上一章所说的幸福佳偶，他们的婚姻还有另一特点是"愿意受配偶的影响"。彼此愿意倾听对方的心声，尽量配合对方的需要，最终两人就神貌相合。

夫妻相

我与先生一同外出，经常有人会说我俩有"夫妻相"。刚开始我很不喜欢听到这样的评论，因为我想，先生是男的，我是女的，我又比他美丽好看得多，怎么说我俩长得很像，真气人！

后来我才知道，原来是因为我们彼此有良好沟通，不坚持己见，又愿意被对方影响，于是他笑我也笑，我有想法、意见时他也会尊重我，渐渐地在外人眼中我们的神情相貌就非常相似。

不过另一个评论我至今仍无法接受。当有人发现先生比我大7岁时，都会惊讶地说：看不出来你们年纪相差这么多！让我郁闷的是，到底是他看起来年轻，还是我看起来"老气横秋"？

2. 严厉批评或不体恤人的长篇大论

家中常有一个现象就是把配偶的弱点当笑话，不尊重配偶，粗暴训斥，还冠之以"爱之深责之切"的美名。

问题是，就我四处上课以及调查的结果来看，至今尚未找到喜欢被骂的人，这种"欠骂"的人不存在。被别人任意取笑或谩骂时，人人都会产生强烈的反感。

我时不时听到有人批评配偶说："你真是一头笨牛。""你有没有常识啊！""你真是成事不足，败事有余。"诸如此类的话，听者无从回答，更可能怒火中烧。

我先生在台湾中南部乡下长大，说话有乡音，而我是台北长大的，讲起话来字正腔圆，很有优越感。所以，在结婚初期，先生说话常常被我取笑。我经常戏谑地说："你说什么？我听不懂！"他虽不断解释，但我总是不想听，仍然没事就故意找他穷开心，还自认为很幽默。直到有一次，脾气极好的先生郑重其事地走到我的面前，告诉我不可以再对他的口音开玩笑，因为这些"玩笑话"很伤人。

我被他如此严重的警告吓了一大跳，马上改正。从此以后，我不但不敢再嘲笑他的口音，反而模仿他的腔调，发现还颇有亲切感。这些年过去了，直到现在我讲起话居然跟他一模一样。

我的妹妹从台湾来看我，惊吓万分地问我："大姐你说话怎么变成这样？"我只好老实回答："跟你姐夫学的！"

要是我们将对方的弱点当笑料，双方就会产生矛盾，口角不断。生活中应幽默风趣，但是所谓的幽默，是要"幽"自己的"默"，也就是说可以拿自己的短处开开玩笑。若是笑话别人的短处，就变成尖酸刻薄，不叫幽默了。

3. 沟通时专注于别的事务

我们与家人沟通时，经常心不在焉，看电视，看报纸，炒菜，有"听"却没有"听到"。这也是不尊重对方的表现。

我有时在家中与先生讲话，讲了半天，他都没反应。手在键盘上，眼睛盯着电脑屏幕。问他有没有在听，他还回答说："有。"

我不服气，要他复述以确定他有聆听，没想到他居然还答得出来。

这其实是因为每个人都有30秒的残留记忆，就算不专心听对方的讲话，还是能够简单复述出短时间内听到的内容。但是，这样并不算积极倾听，当然也就不是良好沟通。

我的爸爸是较感性的人，下班回到家就想跟我妈妈讲自己单位发生的事情。每次我妈妈正在做晚餐，家务繁杂，心情烦躁，常常就会对着爸爸吼叫，于是爸爸也就黯然神伤起来。

这样的不良沟通没有尊重，也很伤夫妻之间的感情，甚至会产生问题。沟通时最好先把手上的活儿停下来。若是在炒菜就先把火关掉，认真听对方讲完话，迟点开饭也没有什么大不了的，相比起来夫妻关系更重要。

4. 对姻亲表示不重视

若是夫妻在话语或行为上对姻亲流露出轻蔑的态度，是很伤人也很不聪明的做法。例如："你那没有用的亲戚。""你爸真是老土。""你那没知识的妈。"配偶听到这样的批评，会感觉无奈，因为他也无法改变情况。对方指责自己的父母，则更是伤心难过，因为没有人愿意自己的父母被人看不起。

曾有学员问道："若是配偶在埋怨或责怪他自己的父母时，可不可以加进去一起骂呢？"

这是一个很好的问题，既然配偶对他自己的父母有所不满，夫妻"同仇敌忾"，似乎合情合理，但这却不是聪明的做法。首先，配偶与他的父母有深厚的感情基础，即所谓"血浓于水"。他们是自己人，生气起来抱怨一下，过后就雨过天晴。

等到他们没事儿后，想起你的批评话语，反而怪你对人没度量，这下就变成自找麻烦了。正确的做法是，对配偶的感受表示了解，展现自己的同理心，让对方得到安慰即可。

5. 过度投入外人的事

将外面的事看得比家里的事重要，冷落家人，也是一种不尊重的表现。不少人认为，反正家里的事情都是应该做的，做了也没有人称赞；家庭外面的事情，特别在非营利机构团体里，很多人喜欢去帮忙，因为在义务做了某事后，就会受到别人的肯定与表扬。于是为了想要得到外面的美名与赞赏就经常往外走。上天看重人内心纯正的动机，不喜欢人假冒伪善。所以要注意自己的动机，不要只做表面功夫。

有位太太，先生一回家就笑眯眯地称呼先生，在名字后加一个"兄"字。丈夫莫名其妙，问妻子："你干嘛这样叫我？"太太赶紧说："我看外面的人一对你称兄道弟，你就眉开眼笑。我想我也这样叫你，看你会不会对我好一点。"

假若你的配偶一天到晚往外跑，热心外面的事务，那么你就要注意看看他在家中有没有得到足够的肯定和称赞。若没有，那么赶紧调整自己，多多欣赏、肯定配偶的付出，让对方愿意留在家中。

6. 死不认错

在我的婚姻课程中，常有学员下课后对我说："你讲得真好！只是，那该听的没来。我们家只要他（她）肯改就天下太平了。"言下之意就是，自己都没有什么需要进步的，都是对方的问题。然而家中若有一方觉得自己永远是对的，都是别人不好，婚姻必定出问题！

先生和太太谁不愿意认错？根据我的调查，先生认为太太死不认错，太太认为先生才死不认错。可以说，双方都不愿承认自己死不认错！

一位男士向友人说："我的太太很厉害，她完全改变了我的宗教观念。"友人问："怎么说？"这位先生就说："我在结婚之前，是不相信有地狱这回事的。现在婚后完全改观。不只相信有地狱，而且我就生活在地狱！"

有一首打油诗，是讽刺死不认错的太太的：

太太永远不会错，

如果发现太太有错，

一定是我看错。

如果我没看错，

一定是我害她犯错；

如果我没看错，

也没害她犯错，

只要她不认错，

她就没有错。

总之，从决定结婚开始，

一切都是我的错！

这是先生在讽刺太太怎样不讲理。女士们可千万不要信以为真，认为自己绝不会犯错。

我发现许多人喜欢上课，听来听去总停留在头脑里，却不身体力行。于是知识多、标准提高，能力却没有提高，最后只会怪罪别人。事实上，婚姻中若只巴望着对方改变，将会非常失望。在咨询中我喜欢请家中"较成熟的人"先做改变，只见这时夫妻就彼此推让，好让对方当较成熟的人。但是在这同时，我会继续指出，若你自认为是较不成熟的一方，也就是说，家中的问题都是从你而来，那么你更需要先改变。

夫妻一起成长当然是最好的，但是假如有一方还没有意识到需要改变，就不要再等待了，宁愿自己先改变。有一句话说：改变对方最短的路，是改变自己。在我婚姻初期，也曾对先生非常不满意，觉得都是他不好。但是当我领悟到自己是不成熟的那方后，我就先改变自己。先生发现我愈来愈成熟可爱，就越发出自内心疼爱我，婚姻就渐入佳境。

那么，稳定快乐的婚姻有什么特别的沟通形态？夫妻之间不良的沟通会产生怎样的后果？

三种稳定快乐的婚姻

前面提到，婚前找到相匹配的对象，婚姻起跑点会比较好。美国著名婚姻专家高特曼（John Gottman）在他的《婚姻诊所》（*Marriage Clinic*）一书中将稳定、快乐婚姻的沟通类型分成三种，他进而指出，夫妇两人若是同一类型，沟通起来就较通畅。

1. 心直口快型

这样的夫妻快活且精力充沛，生活充满变化甚至反复无常。他们都很会表达自己的正、反面想法，尤其丈夫这方绝不冷战，很会将情绪表达出来。当他们在表达负面想法时，虽直言相告，却绝不会讲出人身攻击的话语来伤害或贬损对方。两人的互动方式不断更新，约会点子层出不穷，绝不会一成不变，婚姻中不可能十年如一日。专家发现这种类型的配对，尽管结婚35年，仍保有浪漫的爱情。

2. 中庸妥协型

中规中矩、理性当家是这类夫妻的写照。他们两人都很会控制自己的情绪，选择适当的时间及重要的问题沟通，寻找彼此都可接受的妥协方法。对于较不重要的事，则会顾及对方的感受，给对方空间，也喜欢博得对方的欢心，不会自觉委屈。

3. 避免冲突型

这类夫妻本着家和万事兴的理念，当意见不同时，刻意降低问题的重要性，以息事宁人的做法为先。双方同意彼此可以有不同意见，不必争到你死我活，"你是错的，我是对的"。只在气氛良好的时候，才会表达情绪与分享价值观。

在这三种稳定快乐婚姻中，避免冲突型活力最低但稳定性却最高。

不良配对

可以想见的是，不是每对夫妻的沟通类型都相同，恰恰匹配好的理想情况较少。下面是三种不良沟通类型配对。

1. 中庸妥协 + 避免冲突

中庸妥协型会觉得不得其门而入。

避免冲突型则觉得受不了追问。

恪守规矩理性当家的人也会寻求机会解决重要的事情；而避免冲突型当发现气氛不良时，就选择退缩，避免发生冲突。于是中庸型会觉得，想与对方沟通关键问题却总是不得其门而入；而避免冲突型则会觉得对方咄咄逼人。这种配对大有需要学习和进步的空间。

2. 中庸妥协 + 心直口快

中庸妥协型会觉得不被了解。

心直口快型则会觉得对方冷漠。

中庸妥协沟通类型的人，觉得自己很会为对方着想，也尽量给对方空间，没想到对方不领情。而心直口快的人，想说就一定要说，等不到正确时间再谈。所以就会觉得对方没反应又不够热情，甚至会觉得对方刻意对自己冷漠。这样的配对又比上面的配对，需要有更多的努力与学习。

3. 避免冲突 + 心直口快

避免冲突型觉得自己是与一个"疯子"结婚。

心直口快型觉得对方是"木头人"，有不被爱及被拒之感。

在这三种沟通类型的不良配对中，第三种配对是最棘手的一种，需要最多的调适与学习。心直口快型的急于要解决问题，表明自己的观点和看法；而避免冲突型则要先等一等，不用着急，事情没有那么重要。于是，避免冲突型觉得对方反复无常，善变无理，简直像是跟个"疯子"生活在一起。心直口快型则会觉得有事情不解决，没完没了地等，有被拒绝及不被爱的感觉，像是跟个"木头人"结婚似的。

当你看到这些分析，假若你与你的另一半的沟通类型是不良配对，千万不要气馁。笔者的婚姻就属于"最差配对"，但是也一样成功学习成长，直至享受婚姻！

虎羊变色

我是善变性格，属于心直口快型；我先生则是稳重的避免冲突型。就连我们的生肖都很有趣，我属虎，他属羊。婚前我常笑他是"羊入虎口"，被我吃定了。果然，婚后我张牙舞爪地使尽浑身解数，想要引起他的注意，他却越躲越远。还好后来我逐渐意识到必须改变自己的沟通模式。渐渐我不再是母老虎，反而像一只温顺的绵羊，我们的婚姻也渐入佳境。所以就算是最不合适的配对，还是很有盼头的。

婚姻满意度

一般来说，婚姻满意度会越来越低，往往到孩子青春期，已滑到满意度的谷底。青春期的孩子正处在情绪起伏不定的阶段，如果父母管教方式没有随着孩子的成长而改变，仍然沿用家长权威，那么，青少年就会叛逆，将过去对父母的不满连本带利一起归还，于是家中的矛盾就会不断突显。

家中如有青少年让父母头痛，夫妻很容易互相指责，抱怨对方没有将孩子管教好。过去由于忙于事业和家庭，疏忽维护婚姻中的情爱，两人渐行渐远，早已同床异梦。这个阶段就成了夫妻动辄就闹离婚的非常时期。

一般来说，夫妻若能撑到孩子再长大一点，离家上了大学，就有较多时间发展和巩固感情，就是俗话说的："倒吃甘蔗，越吃越甜。"当然，现今社会也有越来越多的夫妻在退休的时候离婚。其实，若是夫妻不注意培育双方的感情，没有更多地了解对方的需要，任何时间都可能分手。

婚姻虽可以像天堂，但是夫妻是两个不同个体，朝夕相处难免会出现沟通上的问题，这时若两人都不会适当表达而采用负面沟通方式，夫妻关系则会岌岌可危。

高特曼在《婚姻诊所》里提及，他可以分析先生与太太的三分钟对话，预测出五年之内这对夫妻会不会离婚，其准确率高达96%。

以下是该书所分析出的四种常见"负面沟通"。

1. 批评

女人较常用此方法。通常是从指责开始："你就是……你从不……你没有一次……"女人天生就比男人显得更加能言善道，伶牙俐齿是女人的特点，诉苦抱怨也是女人的专利。然而，当一个人被批评的时候，他就会筑起一道高高的"防御墙"，根本听不进对方所讲的话。

2. 辩解 / 防御

被批评心中不爽，不只不想听，反而只想辩解，以防不断受攻击。所以许多时候被批评者会否认责任，自认无辜，甚至觉得自己若是有错，都是对方造成的。例如："你嫌我记性不好，那你为什么不提醒我？""我没有做好，你又好到哪里去？"这些"防御"和"辩解"的做法，在稳定快乐的婚姻里偶尔也会出现。

3. 冷战

冷战对沟通没有任何帮助，然而有85%的丈夫会使用此法。男人不像女人在言语上表现得快、狠、准，犀利难挡，当说理说不过太太时，只好退缩以保护自己。男士一旦冷战，女士受不了就会穷追不舍。男人发现此法居然可以使自己占上风，久而久之就成为先生对付妻子的秘密武器。当然也有妻子使用冷战，但若经常以冷漠对待丈夫，这样的婚姻差不多快走到尽头了。

4. 轻蔑

根据《婚姻诊所》书中的研究，若夫妻间存在轻蔑式的沟通，此后五年内出现离婚的可能非常大。专家认为，每个家庭偶尔有吵架的负面沟通很正常，但是若有"轻蔑式"的沟通，则让家庭走上了离婚之路。轻蔑是指用言语刻薄地贬低对方，有蔑视、嘲笑、侮辱、看不起、伤害的含义隐藏其中。如："再也找不到像你一样笨的人……我才不在乎你……"对配偶使用咒骂的话，极尽侮辱与鄙视的人身攻击，如："一无是处""脑筋是糨糊""猪头猪脑"。

除言语之外，还有脸部的特别表情。人类学家发现，每个族裔对快乐和痛苦情绪的面部表情不一定相同，但轻蔑的脸部特别表情却是一致的，放之四海而皆准！这就是不屑一顾，嘴角下撇，眼睛上翻。

家庭若意见不合，要以尊重为前提，减少指责怪罪就不会引来辩解、防御，甚至冷战，更要禁止以轻蔑这种毫无助益的方式沟通，婚姻家庭才能逐步走向幸福稳定。我们将会在第十章再次提到"如何正面沟通"这个重要的话题。

4
家家有本难念的经

沟通不良，缺乏相处或过度交集，

双方角色混乱，性格差异明显，

性关系不协调，

双方价值观不同……

只要想改变和弥补，

再难念的经都能够补救。

"家家有本难念的经"是大家耳熟能详的一句话。到底是怎样的家庭问题会令人从内心发出这般的感慨？又是什么样的"家事"会是如此难念的经？

【案例探讨】

正均下班时间已经过了许久，静慈一直看着时钟，不安地等着丈夫回来。正均一进门，静慈马上气急败坏地责问："为什么这么晚才回来？家里的事这么多也不会帮忙，每天就只会跟那群没用的朋友鬼混！"正均也不甘示弱，理直气壮地回应："我们谈公事，你叫什么叫，不可理喻！就会唠叨！"两人声音越来越大，充满敌意。问题出在哪里？

婚姻中常见的问题

值得玩味的是，领取结婚证书比取得汽车驾驶执照要容易太多。驾驶执照需要经过笔试和路考，很多人都无法一次过关，而结婚只要去市政府办个公证手续就可以了。当然也有不少人花很长的时间准备一天的婚礼，但是他们往往却不肯花时间为一辈子的婚姻好好准备。难怪婚礼之后就问题丛生。事实上，健康的婚姻如同植物，要经过细心培养，不断滋润和浇灌，才能够成长得好，否则就会出问题。

家家有本难念的经

根据现代心理社会学家研究和归纳，我们找出了婚姻中六个最常见的问题。

1. 沟通不良

婚姻专家发现85%的夫妻有沟通不良的问题。而那些需要特别婚姻辅导的夫妻，则100%沟通有问题。

以自我为中心

人都是以自我为中心。很多时候我们只是一味要求对方认同自己，所谓的"同理心"就变成希望别人同意自己的理由，而不是我们认同别人的道理。于是我们说话时总自以为是，想当然地为别人下结论。当我们沟通时，经常以自己的理由为出发点，而无法站在对方的角度思考，甚至将自己的想法投影反射在别人身上，这样必定会造成沟通误差。

你怎么什么都不会

一对老夫妻的隔壁，搬来一对年轻的新婚夫妇。老太太每天看见隔壁的年轻先生出门前总是依依不舍，对妻子又是搂又是亲的，回家时不是带鲜花就是带巧克力。

有一天这老太太实在受不了，就对自己的老伴儿说："哎，你有没有看到隔壁搬来的夫妇？"老先生头还埋在报纸里，答道："有啊。"老太太继续说："那你可有看见人家的先生，对太太又抱又亲，还买花买糖的？你怎么什么都不会？"这时老先生惊讶地抬起头来说："我怎能这样做？我又不是她的先生！"

不懂得沟通方法

虽说婚姻难免会沟通不良，但是若不良的时间大过良好的时间，就会产生问题。沟通方式是学习来的，一般是从父母那里耳濡目染学来的。父母若彼此尊重，不作人身攻击，我们学到的是相敬如"宾"；若是彼此冷战，让对方猜测自己的意思，则学到的是相敬如"冰"；若是唇枪舌剑，短兵相接，则学到的是相敬如

"兵"。只可惜，大部分婚姻都沟通不良，所以我们学到的不良沟通方式居多。虽然有些人曾经信誓旦旦，将来婚姻绝不要像爸妈那样的互动模式，但是等到自己结婚以后，总是不知不觉地把过去所见所闻照搬上演。这是从小在脑海中的烙印，是条件反射似的惯性思维的结果。

但好消息是，既然沟通是学习来的，那么就可以再学习新的方式以取代旧的不良方式。我们需要通过大量"知易行难"的沟通方面的实际演练，才能透彻地了解，正确使用。85%的婚姻都存在沟通问题，是因为我们常自以为是，不懂得如何沟通。

2. 缺乏或过度交集

缺乏交集　渐行渐远

美国一项调查发现，平均一天下来许多夫妻对话时间只有两分钟，而且内容贫乏，乏善可陈。虽然同在一个屋檐下，却各忙各的事情，各自发展自己的目标，满足自己的需要，于是两人渐行渐远，缺乏情感上的彼此支持，怨偶由此产生。渐渐男人怪女人只会逛街买东西，女人总是怪男人只会钓鱼、打高尔夫球，彼此贬低对方的兴趣及行为。另有些家庭以为只要两情相悦，就不必朝朝暮暮。于是男人因工作需要，当起了"空中飞人"经常出差，偶尔回家；女人就做起"内在美"（所谓的内人在美国照顾孩子）。夫妻聚少离多，是将婚姻置于极大的试探当中。甚至有些妻子已经习惯先生出差不在家没有拘束的日子，反而嫌老公在家加添麻烦。试想这样的婚姻"温度"如何？夫妻关系理想吗？

我因工作关系偶尔也会出差，晚上若没有工作是很无聊的。假若长期在外，寂寞时光中，男人就容易有性试探，女人也易有情感上的试探。在家的配偶虽有较多的事情可做，却缺少随时陪伴在旁的精神与情绪支柱。与对方通电话时，可能事过境迁不知从何说起，或是该说什么。在我辅导的案例中，就有夫妻每天固定通话一个钟头，最后先生仍然出轨的案例。

过度交集　彼此牵制

另一个极端是，夫妻在时间上过度交集，根据专家们观察，这样也不是很好。夫妇俩一天24小时都在一起，工作、吃饭、睡觉都同进出，缺乏自我反省的空间，也无法退一步考虑对方的需要。彼此过分相互牵制，没有自我，造成弹性疲乏，最后产生埋怨。

需要独处

当我先生为节省开销把办公室搬回到家中后，刚开始我很不适应。我是一个喜欢独处的人，随时有一个人在身边会让我感觉没有自我空间。所以我总提醒先生说，我们俩谁没事，就可以独自出门去逛逛，透透气，给彼此一点空间。当然，我也看过有夫妻整天24小时在一起还是一样鹣鲽情深，然而他们是例外，这肯定也是因为他们有为婚姻付出努力的基础。

3. 夫妻角色混淆

家中谁应做什么？谁当家做主？原生家庭在夫妻角色方面发挥

着重要的影响力。过去父母所扮演的角色会影响我们对配偶的期待。如原生家庭中都是母亲做饭，婚后就会期待女性下厨。小时候家中都是爸爸说的话是最后决定，婚后家中就会以男性为主。当先生与太太对彼此的角色期待各不相同时，除非夫妻俩能在婚前有良好的沟通，不然两人来自不同家庭背景，必有许多混淆与冲突。

男人天生就有征服欲，丈夫应是家中的头。这里的意思不是女人低人一等，只是聪明的女人知道，当丈夫受到足够的尊重后，自然也会尊重妻子。

时代新女性

妇女应尊丈夫为大，让他当头。这是因为男女的特质不同，并不是厚此薄彼。放眼观看，里外一手包的女强人经常是不快乐的。另一个现象是，当妻子的收入比丈夫高时，先生就感到地位受到威胁，家庭中出现竞争现象。若是妻子又不知尊重对方，以为钱赚得多就可以盛气凌人，婚姻就会亮红灯。

快乐夫妻角色分配特点

婚姻专家发现快乐夫妻，在角色的分配上有五个特点：

①愿意变通彼此的角色，当对方忙时主动将家务接手过来。

②对分工十分满意，不觉不公平。

③关系平等，彼此尊重。

④以兴趣分工，不死板。不认为男主外，女主内是唯一分配原则。

⑤两人一起讨论作决定。

我在正规求学期间没有好好读书，直到有了信仰之后，才有读书的动力。那时我已结婚又有孩子，重回学校读书经常感觉时间不够用，先生就主动承担了大多数家务。而我毕业后，自己也很主动把家务活再承接回来。也就是，你忙我做，我忙你做。

过去传统上，夫妻角色的认定总是很死板。所谓的"君子远庖厨"就是鼓吹男人不下厨房。然而现实中有些男士喜欢烹调，而有些女士又喜欢修理东西，只要夫妻配搭得好，没什么是不可以的。在夫妻角色上不管是传统关系还是平等关系，只要两人看法一致协调，就是好关系。在本书后面的附录中有一个夫妻角色调查，可供读者参考。所以婚前辅导可以事先对将来家庭实际问题进行探讨，以预防婚姻以后受到太多的冲击，是很有必要的。

4. 性格差异

固执不愿改变

除了基本生理需要以外，每个人都独特的需要与习惯。有人作息有规律，做事有条理，有人则较随性善变，不能硬说哪一种较好，只要夫妻能相应做出配合调整就好。我和我先生的性格调查结果是，我分值高的部分正是他分值低的部分，他高的部分也正是我低的部分。假如我俩处得好，就是取长补短，若处不好就会僵持不下，谁也不想让步，不愿改变。婚姻中若有一方或双方总是固执己见，不愿改变，就难免要出问题。

豆子遇到水

我的孩子们在读小学低年级时，春天时总会从学校拿回来一个塑料袋，里面装着做发芽实验的豆子。将一颗大的利玛豆与几小团棉花放进小塑料袋中，加水并将它贴在窗户上晒太阳。孩子就可以看到在阳光下，豆子遇到水分就开始发芽长根的过程。到了一定程度，豆子会长出美丽的叶子来。豆子遇到水发芽长根，是很自然的事。只是，这已经长出叶子的豆芽是无法在袋子里继续成长的，更别提开花结果。它需要被种到土里，浇水施肥，除草除虫，给它搭好架子让它攀爬，它才有可能结出丰盛的果实来。

坠入爱河

婚姻与此有相同道理，谈恋爱及新婚时掉进爱河，双方一触即发，一拍即合的情绪导引，根本不需要费力气，自自然然就在一起了。就像豆子在春天遇水发芽，马上就生根长叶一样。然而要想让细弱的小豆芽继续长大，就一定要把豆苗移植到有阳光照射和雨露滋润的泥土里才能继续长大。有配偶对对方说："你跟以前不一样了。"其实本来就应该不一样。新婚经历一段兴奋热忱期之后，夫妻二人仍要继续成长和改变，要是不做任何改变，只会阻碍婚姻的发展。就像植物需要长大成熟一样，婚姻也要随着不同阶段有所进步成长才能幸福美满。

优点成为缺点

有人认为，假设一方天生较有支配欲，而另一方不介意被控制，两人应该配合得很好。但是真实状况却并非如此，经过一段时间，支配方往往变本加厉不知尊重对方，而被控制方若不善表达，则变成冷战退缩。故此"因误会而结合，因了解而分开"的人生戏码频频上演。本来是彼此欣赏的优点，到头来却变成彻彻底底的缺点。

健全人格

心理学家将人与人的依附类型分成四种：安全型、逃避型、抗拒型、混乱型。

·安全型

安全型的人成长时父母体贴其需要，得到充足的安全感，所以感情本钱足够，容易原谅得罪自己的人，也很会安抚自己的情绪，总是觉得这世界是美好的。

·逃避型

逃避型的人在成长过程当中，情绪需要较少被满足，故此认为别人都不可靠，只能靠自己，心理状态是"我行，其他人都不行"。他们较为以自我为中心，很难与人有亲密感，常怕被人占便宜，经常拒人于千里之外。

·焦虑型

焦虑型的人有焦虑的父母，大多在成长过程中父母的管教不一致，往往觉得别人比较行，自己都不行。造成喜欢讨好别人，很怕被遗弃。对世界的看法是负面的。

·混乱型

混乱型的人其父母既是安慰又是痛苦的来源。这样的人通常会拒绝别人，但是一旦接受一个人，就有极强烈的占有欲。

让自己情绪更健康

婚姻专家认为，结婚前若能睁大眼睛找到"安全型"的人结婚，则可免去70%~80%的离婚危险。但问题是，虽然父母尽力抚养下一代，却都不是圣人，自然也会有一些过失。结果就是，我们的情绪都不够健康到可以有完全的安全感，每个人都或多或少在情绪健全上有进步的空间。

重新建立依附关系

一个情绪健康的人有慷慨、诚实及亲切的特质。但是这些特质不是想要就会有的。什么样的人会慷慨得起来？我认为一定是"拥有很多的"才有慷慨的"本钱"，只有在饱足之后才慷慨得起来。这样的人才会愿意主动分享自己的东西、时间、精力及感受。

想想小孩为什么不敢诚实认错？因为过去经验是认错就会倒霉，会惹来父母的责备与惩罚，而不是饶恕及接纳。所以只有在我们能够收到从对方而来的真正饶恕，才会有勇气能诚实面对自己。

只有自信对方会体恤我们的需要，才能真有安全感，进而发自内心地对人亲切。故此，我们每个人都需要重新认识自己，努力使自己成为安全型的人，在婚姻当中就不会再有如履薄冰、战战兢兢的感觉。

5. 性关系不协调

一般说来，性关系不协调，首先是由于缺乏正确的观念。我曾上过心理学的一门选修课"人类性行为"，上课第一天教授问了一个问题："身上有哪一个器官因受到刺激，从最小涨到最大有30

倍的差距？"课堂上年轻人窃笑。教授面不改色义正词严地说："你们不要想歪了。真正的答案是瞳孔，而并非你们想的男性性器官。"

不切实际的期待，是第二个原因。媒体杂志经常将性爱过度渲染使许多人信以为真，认为自己就应像媒体所呈现的那样，才是享受性爱。此外，紧张的夫妻关系当然也会影响性关系。

生理、心理障碍

性关系不协调也有可能是生理上的障碍，如药物的副作用。许多降血压及心血管的药物都会降低性欲。还有，过量使用属于抑制剂的酒精或烟草等，也会影响性生活。少量的酒精会使人放松，但喝太多的酒对性关系反而有抑制的效果，使人无法尽兴。长期抽烟会使男士生育能力减退，甚至使人无法行房。

心理上的障碍，如曾经被"性侵犯"过，以至于对性行为产生恐惧害怕，无法坦然面对自己的配偶，或是已有外遇对象，也有可能造成性障碍。不过每个外遇案例的情况都不同，也有人对配偶感到愧疚，增加性行为。其实，夫妻性关系不协调，除了生理因素以外，都是对夫妻关系的一个警讯。

6. 价值观不同

人生最重要、最值得追求的事物会引导我们做每天的决定。而夫妻若价值观不同，在时间与金钱的分配方面，就会起无数的冲突。

5

常见的外来压力及影响

原生家庭、姻亲压力，

教养方式、经济压力，

突发危机或悲剧打击……

只有建立健康的婚姻，

形成足够的"抗压性"，

才能兵来将挡，水来土掩。

年轻人常以为婚姻仅仅是两个人之间的事情，但事实上两人的原生家庭、姻亲压力、教养方式、经济压力、突来的危机或悲剧，甚至无聊乏味，都会对婚姻关系造成很大的冲击。只有建立健康的婚姻，才有足够的抗压性，才可以兵来将挡，水来土掩。

常见的外来压力

婚姻除了上一章所提到的夫妻之间的常见问题之外，还有从外面而来的压力。

1. 来自原生家庭的压力

前面章节中提过，原生家庭父母的互动深刻地影响着夫妻的互动及彼此的期待。甚至有婚姻专家认为，一张双人床上不只睡着两个人，而是要再加上各自父母的影响，形成六人同床。

影响夫妻互动

过去父母是如何表达爱意的？他们如何吵架？权力是如何分配的？谁听谁的？谁做什么事？原生家庭所带来的正面价值固然值得继续，但通常其不良的特质也潜移默化地流传到下一代。所以夫妻若能坐下来谈谈，过去彼此父母互动的优缺点，并且互相提醒应注意之处，则可以避免重蹈覆辙。

意思也不是说，父母在孩子面前应该表现得很完美。事实上，只要不用人身攻击方式，让孩子看见父母之间的冲突，反而可以让孩子学习处理冲突的方式。美国一位著名的牧师结婚时与太太约定，不在孩子面前争吵。可是等孩子长大结婚组建新家庭时，却发现不会处理家庭冲突。之后这位牧师也承认，这样隐藏冲突的方式未必是好的方法。

两个好人，值得成全一桩好婚姻

当我们回想原生家庭的细节，一定要刻意重新学习，决心有所改变，否则必会重走父母走过的老路。有一个故事在网络上广为流传：一位女士的父亲很负责任，称职爱家，寒暑假还帮助孩子温习功课；母亲勤劳辛苦，操持家务，每天洗锅刷碗擦地板。但遗憾的是两个好人却没有好婚姻。这位女士发现父亲十分不快乐，母亲也常常暗自落泪。而这位女士后来成家以后，也按照妈妈的做法，辛勤地做家务事，努力地擦地板，但总是感觉生活并不幸福。

有一回当她正劳累地擦地板时，先生要她过来一起听听音乐，她非常不悦地回答："你没看到我正忙着擦地板！"当这话语一出口，突然醒悟，自己居然与过去母亲对父亲说话的口气一模一样。这位女士心中有所领悟，自己不应再继续执着于很多徒劳无功的事务，而是应以先生喜欢的方式来经营婚姻。从此她学会放下抹布，刻意重新学习对方的喜好，决心让婚姻有转机，改变两人的互动模式。这样两个好人终于走向了好婚姻。

姻亲关系

原生家庭不只是潜移默化地影响着夫妻，两个年轻人结婚后，姻亲关系也会给小两口带来冲击。华人文化对婆媳关系特别敏感，到处都能听到婆媳不合的故事。妇女年轻时隐忍姻亲痛苦关系，等到"多年媳妇熬成婆"之后，才最终为自己当媳妇时所受的委屈，逐一向新媳妇讨回一个公道。婆媳关系就这样不断地恶性循环下去。我常跟年轻妇女们说，不要对婆婆期望过高，希望对方把自己当女儿看待，倒是应该要先问问自己，有没有尊重婆婆，并且感谢婆婆将丈夫养得好。

在美国倒是有较多女婿与岳母水火不容的例子与笑话。

"被狗咬死"的笑话

美国人的安葬仪式到最后，通常后面都会有跟车的奔丧队伍，一起到墓地观礼。有一个人看到路上有一葬车队排得好长，心想此人必定是一位重要人物才会有这么多人来参加葬礼。于是就把车子转到前面去，问问到底是何方神圣。

这个人问站在那里的男士说："这过世的人是谁啊？"男士回答："是我岳母。"

此人很好奇地继续问："那请问，你岳母是怎么去世的？"

男士回答："被我家的狗咬死的。"

此人这时兴致高昂，赶紧追问："那，我可以借你家的狗吗？"

那男子说："可以，你将车子开到后头去排队！"

原来葬车队全是要借狗的人。

反而华人岳母与女婿的矛盾较少，只有所谓"丈母娘看女婿，越看越有趣"的说法。但是不可否认，姻亲若处不来，会使原本就不太稳固的婚姻更加危险。也有少数婆媳关系处理妥当的例子，姻亲若要相处得好，必定要秉持爱与饶恕的原则。

另外，太太若动不动就回娘家告状，娘家势力又很大，再经常介入小家庭矛盾，此时"娘家"成为婚姻的第三者，也会为婚姻带来不必要的外来压力。

2. 来自不同教养方式的压力

假使原本夫妻俩就已经有较多摩擦，若再加上在子女的教养方式上也有差异，时常为了是"严"好或是"松"好，双方意见分歧，不啻是雪上加霜。我见过家庭因为亲子教育理念相差太远，不断累积因教养而来的怨气，最后在子女最难管教的青少年期，夫妻只好分道扬镳的案例。其实教养方式也会受原生家庭影响，最好的方式是在孩子年幼时夫妻就学习讨论并确定下来，两人可一起上亲子课程，找出正确有效又彼此都可以接受的教养方式。

缝枕头

我们家经常在放长假时开着车子去国家公园露营。露营所需要的东西很多，从营帐、睡袋、锅碗瓢盆，到吃的穿的，样样都要齐全的话，整个车子会被塞得满满的。

有一次我突发奇想，一个人一个枕头太占空间，不如将枕头剪成两半后再缝起来，这样每个人只需要半个就够了，于是着手开始缝枕头。当时读初中的大女儿在旁看见，也想帮忙。我当然义不容辞地教她。只是她从来没有拿过针线，马上就要缝东西，可以说是每半分钟就出一次状况。

刚开始，我还很有耐心慢慢地解释给她听，并帮她解决缠线、打结等问题。只是到了第N次的时候，突然在我脑海中，听到我母亲在大骂："笨得要死！"心中忽然觉醒，过去我的母亲对我在用针线方面没耐心，早已潜移默化地根植在我的脑中，当遇到相同的情况时，那故事与画面就会在我的脑海中重演。

还好我当时已经在亲子教育上下了功夫，所以克制自己并没有骂出"笨得要死！"这样的话，因而，那成为一段我与女儿的亲密时光。

3. 来自经济的压力

世事难料，有些夫妻长期债务缠身，或是经常入不敷出，就会有所谓的"贫贱夫妻百事哀"的压力，因受不了穷困而劳燕分飞的大有人在。在第二章提到的那个经典的结婚誓言将"贫穷"放进当中，就是因为经济压力对婚姻的挑战性真的很高。

4. 突来的危机或悲剧的压力

根据统计，有特殊需要儿童的家庭，需要一星期7天、一天24小时的注意力，所面对的情绪压力特别高，以致离婚率也比一般家庭要高。其他如家中有人患了严重慢性疾病，像是癌症或中风，或是出了车祸之类的身体意外，都会压榨掉夫妻之间的情爱。

5. 无聊乏味带来的压力

就算前面几项压力都很幸运地避开了，许多婚姻还会感受到的另一个无形压力——无聊乏味。夫妻之间该讲的都讲过了，生活平淡无奇，一日复一日，一年复一年，每天都是例行公事没什么新鲜变化，真是食之无味，弃之可惜。当婚姻开始走下坡路，自哀自怜之余，就会想要向外发展，以寻求刺激与自我满足，这时就可能险相横生了。我们将会在下　章，就这个普遍的婚姻抱怨现象，进行更加深入和详细的探讨。

健康婚姻，抗压性高

以上所提的各种压力并不是一出现，夫妻一定就立刻陷入困境。但是不可否认的是，它们的确会给婚姻带来巨大的威胁。若婚姻在平时就保持健康，当困难来临时，就能有较高的抗压性。

抵挡婚姻小白蝇

美国加州有一种小白蝇，在空中飞来飞去，寻找不健康的植物附生上去。一旦找到，就附生在叶子的背面吸取养分，并渐渐扩散到整株植物。因为是长在叶子背面，不易被察觉，经常等到整株植物要枯萎时才会被发现，但是此时植物已经无可救药了。婚姻就像一株珍贵的植物，需要悉心照顾才会长得好长得健康。不然，当生活压力来临时，很难抵挡得住人生中的"小白蝇"。

婚姻问题带来的影响

1. 困惑与否认

满怀憧憬与盼望走向礼堂，希望从此人生更圆满，更充实，有意义。现实却很可能是在不断地争吵冲突中，眼看着自己的婚姻渐渐瓦解。当事人觉得困惑，不知道到底哪里出了问题，亦不知何去何从。有时干脆否认问题的存在，于是说："我们没有什么问题啊。""哪有夫妻不吵架的？""我没有问题，只要他／她改一改就好了。"……只可惜否认婚姻出现问题，并无法使关系变好。

2. 退缩与绝望

公主与王子之间的神话故事不复存在，山盟海誓也不可能兑现，眼前一切都变成无所适从的无奈，又碍于家丑不可外扬，于是，感情上开始退缩，不再向对方表达爱意，以免重复感受痛苦与伤害。虽然冲突仍然存在，但是已经放弃沟通，因为讲也没有用，所以争吵反而减少了。彼此同住一个屋檐下，但是当中已没有温暖、关怀、亲密及爱意。生活就保持表面关系，所谓"君子之交淡如水"。有些人甚至长久停留在这个阶段，也不想离婚，省去离婚费用及分财产的头痛。婚姻成为很不舒适、令人无奈的事实。

3. 逃避与离弃

婚姻生活变得太紧绷时，有人就会想要逃避碰面，不想回家。于是找借口加班出差，以达到尽量迟归或不归的目的。有的干脆就一走了之，无处可寻。

美国的法律虽有规定，离弃者必须归家，但是甚少有人因为规定而真的回家的。

4. 分居与离婚

当佳偶变怨偶，无法共处一室时，只好分开居住。若是分居仍无法使双方冷静思考，找出合适的相处之道的话，最后只有以离婚收场。曾经充满盼望的婚姻，从生儿育女，到享受人生、游历四方、颐养终老，许许多多的期待都成为过去，至此全然瓦解。虽然离婚似乎很普遍，却仍非一个愉快的解决方法。不管当事人处理得多好，再怎么好聚好散，离婚必然会造成所有家人严重的情绪伤害。

对子女造成负面影响

没有人想要自己的父母离异。社会心理学研究发现，年幼的孩子会有强烈的自责，莫名地认为都是自己不够乖才会造成父母的离异。孩子往往认为：假若自己够好，努力讨父母欢心，父母就会因此而相爱。只可惜无论孩子多么努力仍然会发觉自己无能为力，自认是自己害爸爸妈妈分开。想象小孩在这样的信念之下成长，对心灵会有多少负面的影响。

有些人认为等孩子大一些离婚可能对子女的伤害会少一点，可是根据调查，不管子女在哪一个阶段，都是有伤害的。

甚至有人离婚后，前夫前妻为了孩子着想，仍保持良好互动，以避免对孩子造成更多伤害。然而即使这样的家庭，根据研究，孩子仍然会受伤。长大成人后对婚姻产生恐惧感，对另一方不信任，更不用提从父母学来的不良互动方式，后遗症层出不穷。所以离婚对子女一定会造成不良的影响。

离婚变成正常！

有一个讽刺漫画，画着一群小朋友七嘴八舌地问着站在中间的孩子："什么，你真的跟你的生父与生母住在一起？""那是什么样的感觉啊？""哇，好奇怪哦！"若再不注意保养婚姻，离婚家庭真比正常家庭多，离婚的伤害就要变正常了！

下一个会更好？

有人认为与其在一起大家不高兴，倒不如早早分开，另觅第二春，何况有了一次经验，下次知道如何找好人，必定会更好。但是统计显示，在美国（中国虽没有统计数据，想必大致趋势也是相同的），第一次婚姻的离婚率为50%，第二次婚姻的离婚率就上升为70%～80%，第三次婚姻的离婚率遽增至80%～90%。而且结婚持续时间也一次比一次短，其中原因不难想象。两人从家庭背景、性格、教育等的不同当中，想要水乳交融地一生厮守谈何容易。若是轻言放弃，以为下一个会更好，就会失望地发现下一个照样有许多不理想的地方。从统计的结果来看，下一个往往不会更好，反而更糟。于是接二连三地结婚、离婚，自然也就见怪不怪了。

6
婚姻不敢提的欲望

享乐、浪漫、性
被仰慕……
不敢提≠不存在。
勇于面对，
婚姻才越陈越香。

一个好男人和一个好女人共同组成了一个家庭，但是为什么结果是双方都感受不到快乐？

重大影响

假设一群朋友，每个家庭开自己的车，去一个山清水秀的国家公园游玩。出发前集合时，导游事先提醒大家：根据过去的统计推测，一路上会有一半车辆出车祸，并且将会对你的余生造成重大影响。一下子大家就由兴致勃勃、情绪高昂的状态跌到谷底。有些人立马决定不去，而决定要去的必定一路小心翼翼，注意行车安全，好使自己不要成为另一个不幸的"之一"。

婚姻存活率

还好这只是比喻，开车旅游没有那么危险。但是这个比喻却适用于婚姻！在美国，婚姻寿命平均仅7年，50%走向离婚。没离婚的夫妇也并不一定有"享受"伴侣的乐趣，反而有许多是痛苦地"忍受"怨偶。

好男好女结为连理，应当成就一桩好婚姻。我们不禁要问，怎么会这样呢？原来在平实的婚姻当中，也有一些期待与欲望，只是不知道如何讲，也不敢提而已。

平实婚姻中不敢提的欲望

1. 享乐

许多夫妇认为既然相爱得以结婚，婚后就应无怨无悔、无欲无求地专心扮演好自己的角色。于是妻子就牺牲奉献，作个贤妻良母将家照顾好，每天洗衣洗菜，刷马桶，载小孩进进出出，忙得团团转。而丈夫也认真专心在事业上，上班下班，做牛做马，努力赚钱，忙碌不堪。两人碰面时也是全家在一起，完全没有夫妻单独相处时间。

没有约会，很难恋爱

事实上，大多数夫妻，婚后就不再刻意营造欢乐时光，也就是说不再约会。难怪会有"婚姻是恋爱的坟墓"的现象。你可有听过不必约会的恋爱吗？

华人家庭比西方家庭更不注重夫妻时间，去到哪里都是全家一同进出。不管是旅游，或是上餐馆吃饭，都是团体活动。特别是在朴实的婚姻中，一切都是为了家庭事业，不再谈儿女情长，不敢洒脱抛开顾虑，纵情地放开自己。西方有夫妇周末出游，或是一起吃个浪漫的烛光晚餐的风气与习惯。

上天赐给我们的婚姻，难道就只有牺牲、奉献与彼此冷落？不是的，上天是要我们高兴和欢喜地度过每一天。所以享乐也是婚后的权利，如果觉得结婚就是要痛苦地忍受生活，这是对婚姻的误解。

结婚是为了在生命中有人可以一起分担压力、分享快乐。若是生活上总是各忙各的，没有彼此充电，没有创造乐趣，最终两人相处就只剩下义务与责任。

在婚姻中若没有情感的交流，就会渐行渐远。甚至，我常会提醒单纯的主妇们，不要傻傻地一味鼓励丈夫赚钱，而不注意培养夫妻感情。不然有一天，丈夫赚够钱去享受豪华旅游，恐怕身边带的人不是你，那可就冤枉了。不一定要花很多钱才能有享乐的欢喜，只要肯花心思动脑筋，不用花钱都可以创造二人之间的欢喜。

2. 浪漫的诱惑

一般而言，女人比男人天生对浪漫"雷达"更为敏锐，尤其向往荡气回肠的罗曼史，对"才下眉头，又上心头""众里寻他千百度，蓦然回首，那人却在灯火阑珊处"的情感眷念难舍。在美国，言情小说的忠实主顾98%是家庭主妇。而男士不太会去注意爱情小说，就算是看爱情电影，也不像女性那样看得一把鼻涕一把眼泪的。

有一回我与先生租了一部浪漫爱情电影片，在家中一起观赏。当剧情急转直下，男女主角阴错阳差无法相见时，我看得忍不住热泪盈眶。没有想到，坐在身旁的先生居然大大地打了一个呵欠，真是煞风景！一般来说，男人不喜欢看罗曼蒂克、缠绵悱恻故事内容的电影，而是比较喜欢看动作片，喜欢看有爆发力的电影。

有些妇女钟情于爱情连续剧，简直到废寝忘食的地步，而当我们抽丝剥茧观察她们的家庭之后，发现她们都有忙碌的丈夫。当先生不能满足她们对浪漫的需求时，就将自己寄情于浪漫爱情故事中。

一个头脑聪明，毕业于高等学府的女博士，面对事业忙碌的先生，自己就承担起家庭主妇的职责。只是这位女士迷上了韩剧，韩国电视剧中所演绎的生死缠绵的爱情故事深深地吸引了她。每天除了接送子女上下学及煮饭以外，其余绝大部分的时间，她都黏在屏幕前面看连续剧。

可以说，每天为了看韩剧，她身心疲累，甚至忽略了与孩子和家人的相处。原来她的丈夫整日忙于事业，疏忽妻子的情感需要，妻子就只好在韩剧中寻求感情寄托。

事实上有调查发现，言情小说及生死恋之类的连续剧，看多了会对婚姻有不良的影响。因为会不自觉将自己与剧中的人物相比，相形之下，更加不满现状。

3. 婚外性诱惑

加拿大有一著名的社会学家怀特（Whitest）博士认为，男人从结婚的第一天开始，就陷入婚外性诱惑中，并且经常想象婚外偷情的可能性，直至中老年，此欲望才会渐渐减弱，但也不会完全消失。而美国爱家协会（Focus on Family）创办人杜布森（James Dobson）博士在他的书中，也基本上同意这一说法。

当我看到此报道，心中不觉惊讶万分，心想难道我家的那位忠厚老实的先生也会对其他女人想入非非？这样的推理把我吓得花容失色，赶紧将先生抓来，要他如实招来。我先生也很聪明，表现出顾左右而言他的老练样子。

诚实作答

第39任美国总统卡特（James Earl Carter），有一次在记者会中提到，他是一个重生得救的基督徒。记者继续追问是什么意思，他就举例说明：过去对女人经常想入非非，并觉得这没有什么不对；但是如今知道，这是不合宜的。结果引起媒体与大众一片哗然。其实，卡特总统只不过是在诚实作答。

好男人遇见性试探

《当好男人遇见性试探》（*When Good Men Are Tempted*）是由柏比尔（Bill Perkins）牧师所写的书。书中开宗明义地提到，好男人也会有性冲动与婚外性试探。若是我们不承认，只要看看圣经里的大卫王。他虽然是一位圣明的君王，却也过不了美人关，不只犯了奸淫罪，更是因想要隐瞒真相而谋害人命。

自身为例

柏比尔写作这部书是源于一次家中的自动喷水器坏了，原本已上床的柏比尔，应太太的要求下楼去后院关水龙头。当他正准备要关的时候，无意之中发现隔壁灯火通明，于是探头过去看个究竟，却瞥见邻居的女主人正一丝不挂地站在透明的落地窗前讲电话。女性的裸体是如此的美丽，他兴奋不已竟忘了时间。回到房间后，当太太询问为什么关个水龙头需要那么久时间，他一时心虚还随口撒谎。

第二天，柏比尔向几位男士祷告同伴坦承告白，将自己昨晚的事情和盘托出。只见现场几名男士都鸦雀无声，正当柏比尔牧师担心是不是自己太坦白时，没想到，这些男士们也纷纷诚实招来，原来他们也为色情所苦。有的偷窥邻居，有的喜看黄色影片，有的浏览色情网站成瘾。

寻找同伴

作者柏比尔鼓励男士们，要寻找几位良好的男性同伴，一起寻求圣洁。固定聚会，诚实分享，彼此鼓励，使自己有负责任的对象。柏比尔牧师与他的同伴分享后，还将实情告诉了自己的太太，同时也与太太一起请邻居和邻居的太太注意，若要裸体，请记得把窗帘拉上。

保护策略

丈夫也要有保护自己不在"性"上跌倒的策略。如：决不单独与女同事共处一室，不向女性分享过多内心的话等。能逃过美人关的伟人，都是有保护策略的。

一位知名的大学教授，他的原则是不随便让女学生搭便车。因为老师的权威形象，男老师很容易打动女学生，女学生喜欢或暗恋男老师是很常见的。如果女学生非要搭便车，这位教授就必须同时搭载两名及以上学生才可以，而且学生们一定要坐在汽车后排座位。

有较大胆的女学生会故意说，不好意思让教授当司机，而要求坐前座，甚至在这位教授告知不介意当司机后，有的女孩子仍然穷追不舍地说："教授，不用怕，我不会对你怎么样的啦！"这位教授很机智，幽默地回答："我不是怕你怎么样，我是怕我会怎么样，那就麻烦了。"

男士们要谦卑承认，自己不会比大卫王这样的伟人更厉害，连他都把持不住性的试探，一般人就更要警醒自己。总之，不要"明知山有虎，偏向虎山行"，要当聪明人，不要当愚蠢人。

根据统计，美国网络费用有70%用于色情网站。这些网站提供不正确的性幻想，极易引人上瘾，对婚姻绝对有害。有青少年上网浏览黄色网站，花了不少的钱，等父母发现时，孩子已经无法自拔。

4. 被仰慕的需要

不论已婚与否，男女都渴望被异性钦佩，好证明自己有魅力。甚至研究发现，丈夫在婚后比太太更加希望得到异性的仰慕。专家也发现，婚姻出轨的绝大部分都是从惺惺相惜的友谊开始，渐渐才会进展到婚外情。《男人来自火星，女人来自金星》（*Men Are From Mars, Women Are From Venus*）的作者约翰·葛瑞（John Gray）博士，分别从男士与老婆及外遇对象的互动中，发现了一个值得思考的现象。

是否被仰慕的差距

在家中，外遇男人经常是一根指头都懒得动的人，但是到了女朋友那里却什么事都做。为何会有如此区别呢？原来在家中的老婆，经常大咧咧地喝道："走开！笨手笨脚的，什么事都不会。我来比较快！"许多男士在家中，感觉自己像一台赚钱的机器，再无二用。无论做什么都被挡驾，太太越是不让先生做家事，先生也就越不会做家务事，正好乐得清闲。

于是做先生的英雄无用武之地，习惯成自然也就衣来伸手，饭来张口。但是先生的内心，被人仰慕的需要却没有被满足。

在女友那里，男人得到肯定与欣赏。当女友毫不吝啬地说："你是我的英雄，你好棒！"这会让男人感到自己无所不能、所向披靡，被仰慕的需要得到满足，自然赴汤蹈火、在所不辞。

想想看，这男人是女友口中的英雄，但一旦回到家中，却变成一事无成的笨狗熊，他的选择就很明显了。同一个男人的行为举止，因被否定或仰慕，产生了极大差距。

原来在平淡的生活背后，老公老婆也是有需求与欲望的。但是碍着情面又不知如何沟通，这些欲望被搁置一旁，却没有就此消失。于是婚姻暗流涌动，惊险不已。我们将会在下一章针对这些欲望，探讨有效的保养方法。

7
有效保养法

享受情趣、浪漫、性爱，

努力建立对方自尊，

保养有方，

让配偶心花怒放。

前面我们谈到因双方不懂得沟通，不了解彼此的需要，导致一个好男人和一个好女人婚后生活不快乐。这里我们要来谈谈应如何有效保养朴实的婚姻这个问题。

当我们发现平实生活中也有欲望与需求时，就要针对每个不敢提的欲望来探讨有效的解决方法。

有效保养法

1. 享受情趣

每一天都是上天的恩赐，我们要高兴欢喜生活在其中。上天主张夫妻能快乐欢欣地享受生活，但我们却把日子过得古板及单调乏味。既然平实婚姻中也有享乐的欲望，夫妻应努力使每天的生活及言语更有趣。

创意表达爱意

做一些平常没做的事，如每周约会一次，夫妻共进午餐或晚餐。从子女还在幼儿园开始，我每周最少一次，与先生午餐约会。我们有时上餐馆吃饭，有时带着三明治去公园野餐。不要小看这样的外出约会，夫妇的感情就在小刻意当中，慢慢培养与增进。

杜布森博士说过，就算没什么特别的日子，只要有心，天天都是值得庆祝的。他与妻子有一个独门的创意点子：当他们闲来无事的时候，就会临时起意庆祝对方的"非生日"。

因为每个人一年只有一天的生日，但却有364天的"非生日"可以庆祝。于是他们就去湖边小木屋里放上轻柔的音乐，泡上香醇的咖啡，互相依偎在炉火前，回想恋爱经过，庆祝"非生日"。

以创意的方式做每天需要做的事。如每天都需要煮菜，这看似很无聊的责任与义务，但若两人一起做，并加上创意表达爱意，就可以彼此互喂试吃咸淡，适时拥抱亲吻，保证把日常小菜变成火辣辣的好菜。

有一部好莱坞电影叫《我们来跳舞吧》（*Shall We Dance*）。当中的男主角差一点外遇出轨，还好最后喜剧收场。电影中后续交代，这对夫妻回归甜蜜夫妻生活，连煮菜都可以打情骂俏，你喂我一口，我喂你一口，你摸我一把，我摸你一把。

参与对方的兴趣活动

若是夫妇俩兴趣不同，先生喜爱户外运动如垂钓、看球赛，太太喜欢逛街购物，活动要有交集就很困难。所以最好学习参与对方的兴趣活动，尝试了解对方的喜好。例如先生若喜欢看球赛，太太就不妨陪先生一起看。先生也可以利用女人对人的兴趣较高，介绍几位出名球员的八卦新闻给太太，太太对球员有认识就易对球赛有兴趣。一位出名的婚姻专家也曾说，在他陪太太逛街后，才知道太太讲价功夫一流，从此很享受逛街的乐趣。或者两人可以一起学习一件新的事情，发展共同爱好。我知道有夫妻一起去学照相、园艺、登山、画画等，如此生活才有共同的乐趣。

全职主妇的挑战

值得一提的是，全职家庭主妇有许多挑战。因为整天在家，生活范围较小，又面对幼儿，没有较高知识层面的对话与心灵交流，比起职业女性，全职主妇较容易有抑郁的现象。

在教授亲子课程时，常有幼儿妈妈来跟我说，她每周来上课都很愉快，因为她终于可以有较高级的对话，不必像在家中面对幼儿，只是重复地问："要不要喝水？要不要尿尿？"

研究也显示，全职妈妈当5年以上，会出现心智衰退，智商减低，心胸变窄，对环境不好奇，不会处理模棱两可事件的情况。

但是难题是，我又主张孩子5岁前由妈妈自己带。因为这段时期是孩子智力和语言能力发展成型的主要时期，再好的保姆也比不上母亲。

这里不是说父亲不重要，事实上爸爸也一样重要。只是比较来说，通常妈妈带孩子更加细心。

所以聪明的家庭主妇应该善用时间，充实自己，尝试外出上课、听演讲、拓展兴趣、义务为社区服务等，好使自己成为生活丰富、有趣的情人。而聪明的先生要经常放太太假，让妻子可以约三五知己，外出放松休息。

2. 设法浪漫

不健全的家庭暗礁多，健全的家庭暗礁少。就好像大船要入港生怕触礁，因为只要一个暗礁就足以使船沉没，所以需要有导航的小艇。婚姻也怕触到暗礁，现代婚姻一个很大的暗礁就是"太忙"，好像总是找不到夫妻相处的时间。

"没时间"成为现代人的口头禅，当人长期忙碌，没有休息充电，就会烦躁易怒，自私冷漠。这就等于是在夫妻关系中"长期慢性下毒"，慢慢毒杀婚姻。故此，想要鹣鲽情深则务必要在紧凑的忙碌中，把和配偶相处的时间安插进去，刻意营造婚姻的浪漫。

刻意经营

一天当中"晨昏四分钟"，是夫妇相处的两个重要时辰。早上四分钟，决定白天的心情；黄昏四分钟，决定晚上的心情。一日之计在于晨，早上刚起床夫妻见面的前四分钟，将决定整个白天的心情。若是两人能在这时对另一半表达支持与爱意，则这一天将如虎添翼。

反观许多家庭的早上，总是赶着上班、上课，只能听见不耐烦的催促与喊叫声。

分开一天之后，两人终于在黄昏又见面。这时若能暂时将抱怨与疲倦放一旁，享受一下二人世界，这将左右着当天晚上的快乐指数。只可惜许多家庭中，当丈夫进门时，太太正忙着准备晚餐、催促孩子课业，不只对先生不理睬，甚至还会抱怨先生不体贴、孩子不听话。

爱的好习惯

我与先生养成多年的好习惯就是，早晨起床见面第一件事，彼此拥抱一两分钟，此刻真是无声胜有声，给爱情大大加分。

有夫妻每天早上起床，第一件事就是互相亲吻，轮流将对方脸部的各个部位吻遍。我常开玩笑说，这对夫妻连早晨洗脸这件事都可以省下来了。

有个家庭，丈夫下班回家的前几分钟，就将电视打开，让孩子看看卡通影片。自己则和妻子关在房里，好好互通款曲。另一对夫妻约法三章，若是两人有不同意见又无法当天解决的话，当晚临睡前必定以脚趾头互碰表示："我仍然爱你，相信我们一定可以找出解决之道！"尽情发挥你的想象力，自创你家中爱的好习惯。人生辛苦奋斗，夫妻需要并肩合作，分担喜怒忧愁。

写情书——里根总统的榜样

美国第40届总统里根（Ronald Reagan）与夫人南西（Nancy），有着令人艳羡的爱情故事。里根是美国最受欢迎的总统之一，他的作风深得人民喜爱。里根很爱南西夫人，他认为是老婆让自己的一生变得如此丰富。

里根总统虽贵为一国之君，有呼风唤雨之能，却没有因此拈花惹草，反而对他的太太情有独钟。在里根晚年生病期间，南西将过去里根写给她的情书、短笺、贺卡，收集成册公之于世，将两人的至深情感呈现出来，令人看了真是"只羡鸳鸯不羡仙"。

难怪南西对里根也是一往情深，无怨无悔地随侍在旁，照顾患帕金森综合征的里根。

在里根所写的情书中，有在总统办公室的便笺上画满拥抱与亲吻的符号（美国人以X代表拥抱，O代表亲吻），让秘书送给太太。

总统专机上的信笺笺，也有向他老婆诉说的思念之情。每逢过节、生日，必定少不了情书卡片。

有一年的情人节里根向南西写道，必须要向她老实坦白，自己同时爱上好几个女人。

他承认："其中一个女人是只在电视上看到的女人，她充满爱心，会去探访医院病人及孤儿院孩子。特别是当屏幕上显示孩子们看着她的仰慕眼神时，他很能认同，因为他也是这样地仰慕着她。另一个女人是会陪他整天在农庄骑马飒爽英姿的女人，这女人虽然很怕皮肤晒黑，却欢欢喜喜地与他上山入海。还有一个女人，是在国宴的时候举止谈吐优雅、雍容华贵的女人。另一个女人是会陪他出国访问，住进旅馆后将家具重组，使他觉得有家的温暖。最后还有一个女人，是晚上陪他睡觉，并为自己准备小点心，笑声甜美的女人。"最后，里根继续说："还好，这几个女人竟然都是你！"

现代夫妻以生活压力及忙碌为借口，说是没有时间谈情说爱。可是又有谁敢说，自己比一国之君压力更大、更加忙碌吗？如果贵为一国元首都可以找到时间保养婚姻，一般人实在没有理由不刻意经营夫妻间的爱情。

我的先生不擅长用语言表达爱意，但他会用文字表达，偶尔心血来潮会写情书给我，多年下来也累积了不少。有时我若感觉婚姻很枯燥乏味时，会将过去先生写给我的情书拿出来再读一次。

每每我这样读完后不只心情好多了，有时还会主动过去，给先生一个拥抱及亲吻。我的先生总是欣喜若狂，问："怎么了？我做了什么好事？"情书的好处就是可以收集起来，往后再拿出来细细品味，功效悠久。男士们实应效法，保证太太们看了情书后，对你更加死心塌地。

记得纪念日与假期

另外，重要纪念日、生日都是示爱的好日子。在当天特别设计一下，使另一半有意外的惊喜。

法国餐厅浪漫晚餐

有一位先生打电话回家，要太太盛装打扮好，说是下班后要接妻子一起出席宴会（其实这位丈夫，已经将孩子在自己的父母家安顿好）。没想到，这位老公开着车载着老婆，直奔法国餐厅，享受二人浪漫烛光晚餐，又在附近酒店住上一晚，以此庆祝他们结婚十周年。太太惊喜万分，终生难忘。

别开生面30周年庆

另有一对夫妻，在临近结婚30周年的时候，先生把一些好朋友一起约好去公园野餐。

野餐过程中大家突然哼起结婚进行曲，先生重新求婚，太太重披婚纱，戴上新做的戒指。有趣的是，这位太太婚纱下面居然穿着短裤，因为她根本不知情！主婚人4分钟简短勉励，朋友们唱诗祝福，最后大家共享30周年婚庆蛋糕。

别开生面又简短隆重地重新上演一遍结婚仪式，温馨又浪漫。我犹记得，当这位妻子将这段经历诉说给我听的时候，眼睛闪烁发亮，笑容灿烂可掬。

小白船求婚

里根总统有一次跟南西闲聊，得知南西从小就梦想自己的白马王子，划着一叶白色的小扁舟，在湖中心向自己求婚。没想到，在来年的结婚纪念日，里根事前叫人在自家农庄挖好一个人工湖，买好一艘白色的小舟，载着太太划到湖中。然后里根问南西说："老婆，你愿不愿意再嫁我一次？！"这实在是太浪漫了。

华人在营造浪漫方面似乎就很缺少灵感，不妨向西方人学学。在书后附录中有50个西方的浪漫点子，每周用一次，可以用上一年。也可以自己脑力激荡，想想有什么合适自己的浪漫好点子。

3. 保留时间与精力享受性爱

性爱是上天给夫妻的礼物，但只有不到40%的夫妇对彼此之间的鱼水之欢感到满足。专家发现，兴奋刺激又即兴的性爱是外遇的一大吸引之处。

许多外遇者皆表示，与外遇对象在一起时，好像青少年时期的性欲与幻想被唤醒一般的刺激。笔者有一回听一位外遇重建专家提到，在美国的外遇者大部分都有在车上做爱的经验。也就是说，这些人兴之所至都等不及回到家中。

公式化的性爱

反观夫妻的性爱，却是非常的公式化。通常人们总是在晚上，一天工作疲惫，子女被送上床，房门锁上，灯关起来时，才将最累的身体献给对方。

> 我们早晨起来往葡萄园去，看葡萄发芽开花没有，石榴放蕊没有，我在那里要将我的爱情给你！

这里所讲的是一对已婚多年的夫妇到不同的环境（田间及村庄）中，创造浪漫情趣。早晨起来很有情调地去看葡萄发芽开花及石榴放蕊。我住家的后院，种了葡萄藤和石榴树，两种果树的花，都没有什么特别之处，葡萄花小到看不见，石榴开花与否看起来差不了太多。老夫老妻在家里，就可以将爱情给对方，何必那么麻烦，还跑到田间、村庄去住宿？去看葡萄开花、石榴放蕊？

我认为这对夫妻，并不是真要欣赏发芽开花，而是要营造浪漫气氛，好将爱情给对方。夫妻的爱情，也应有变化及情趣，而不应一成不变。

煤气炉与电炉

男性性荷尔蒙比女性多15倍。所以先生在性事上总是一触即发，好像煤气炉般，一打开火就很旺。而妻子的性欲是需要被激起的，就像温暾的电炉，开关开了老半天就是热不起来。

夫妻不可彼此亏负，除非两相情愿，结婚以后身体不再属于自己，而是属于配偶的。

如果不是有特殊原因，夫妻双方就不能分房和分床，以免有情不自禁的时候，做出不当的事。有些妇女若以房事作为操纵先生的方式，也是不合宜的。意思不是说即使妻子心情或身体不适也不能表达意见，而是婚后彼此都没有权力自作主张，而要更多地考虑对方的需要。

丈夫希望

许多丈夫希望太太能够淡妆娥眉，不要整天蓬头垢面。有一句话说，女人有两个版本——精装版和平装版。而先生总是只看到太太的平装版本，看见外头女人的精装版本，于是对太太丧失兴趣。虽然太太因在家中需要做家事，较少打扮，但是即使这样，仍要稍加修饰，以增进生活情趣。

太太希望

太太希望先生平时能多点温柔细腻，最好从白天就开始营造浪漫的感受，因为女人需要先感受被爱，作为性爱的引导。

先生在白天对太太好一点，不要贬损太太的外表或走样的身材。要知道生育过的女人，身材线条本来就会跟婚前不太一样，先生若给太太适当的理解和尊重，晚上想要妻子共享亲密性爱，就会容易很多。若是两人在性爱上能坦诚沟通，告诉对方自己的期待与喜好，更多地保留时间和精力，必能享受更多的闺房之乐。

曾有学员告诉我，她原本已经想要放弃婚姻，但是上课后想再给彼此一个机会。只是她与先生已经许久没有性爱关系，她年已六旬，担心会不会太晚。我认为只要有心，建立亲密夫妻关系，享受性爱，永远都不会"太迟"。我很喜欢下面这个有意思的笑话。

永不嫌晚

有一个太太晚上去听一个婚姻讲座，心中很有感触。回家后激情萌生，想要与丈夫享受一下敦伦之礼。于是就去摇醒她已睡的丈夫，并说："我很想与你再像从前一样享受性爱，所以你赶紧起来。"先生睡眼惺忪地说："哎呀，都睡了。"这位太太不放弃："好啦，好啦，起来吧。你再像以前一样，轻轻地咬一咬我的耳朵嘛！"这位先生熬不过太太的请求，只好说："好吧，好吧，那就把我泡在那里的那副假牙拿过来吧！"

4. 努力建立对方的自尊

上一章提到不管结婚与否，男女都希望被异性钦佩仰慕。

既然配偶有被仰慕的需要，那夫妻就应努力建立对方的自尊。调查发现男人在这方面的需要比女人更强烈。

当给男人两个选择，一个是"很被爱"但"不被尊重"的环境，另一个是"不被爱"但是"很被尊重"的环境；也就是说，第一种环境是在家中，第二种环境是在工作场所。75%的男士宁愿选择后者，因为对许多男人而言，尊重比被爱更重要。

做对方的"粉丝"

"粉丝"是近年兴起的流行音译词语，原文是"fans"，也就是"影迷"的意思。当看到我们最喜爱的影视明星时，我们心中激动不已，口里赞叹，目不转睛地注视着他／她。对我们的配偶若也是这样，比翼双飞有何难？

我的眼睛离不开你

我的先生喜欢亲手修理东西，而小女儿从小就喜欢进进出出当爸爸的小跟班。有一回，六七岁的小女儿又跟着父亲在后院敲敲打打，小女儿目不转睛地注视着爸爸，有感而发地说："爸爸，我看你整天这样认真工作，我就知道你好爱我们哦。"爸爸一听女儿这样说，手上的活儿马上停了下来。小女儿继续说："所以啊，我的眼睛都离不开你！"这下子，爸爸手中的铁锤差一点掉到地上去，幸福感使他轻飘飘地简直要飞起来，整天乐不可支。

8
互相取悦

你了解配偶的"爱之语"吗？

你能够接纳男女之间的差异吗？

搔到配偶的"痒"处，

让他 / 她不爱你也难！

妻子要如何取悦丈夫，丈夫要怎样取悦妻子？男女之间本就存在许多差异性，你能接纳男女之间的差异吗？抓住对方的需要，让他 / 她不爱你也难！

固定维修，历久弥新

没有固定维修的房子，天天住在屋子里，可能不易察觉累积的磨损，但日子久了终有一天必要惊觉：怎么已经破旧不堪？然而，有固定维修的房子，不只会常保新貌，而且还越来越合用。就像有保养与没保养的房子差别很大一样，婚姻若能固定做有效的修护，则会像是用心维护的房子，历久弥新。

15分钟差距

专家发现每天只要多花15分钟，为婚姻做正面有效的修护工作，则会从"不稳定、不快乐"升级到"稳定、不快乐"，再多花15分钟则又从"稳定、不快乐"升级到"快乐、稳定"。

快乐、稳定的婚姻，大家都想要。

不快乐、稳定的婚姻，大家不是那么想要。

不快乐、不稳定的婚姻，谁都不想要。

只要能以15分钟为努力单位，就可往上升一级。也就是只要我们舍得付出时间和精力，就能够使婚姻质量得到提升。

电波、频道要对准

传送爱情，一定得要送对"电波"调对"频道"，才会有效。可能有人会有疑问：都已结婚那么久了，难道对方还不了解自己的需要吗？有可能的，夫妻没有沟通，就会无法理解。

以下是由盖瑞·巧门（Gary Chapman）所著的畅销书《爱之语——两性沟通的双赢策略》（*The Five Love Languages*）里分析的五种爱的语言。这五种爱之语都是好事，但是在比较之下，每个人对每种爱之语各有侧重，彼此的感受各异，所以有主要和次要语言的区别。

我们大家不妨试着根据以下的描述找出配偶与自己爱的主要

语言。

爱的五种语言

1. 肯定的言词

将你对自己伴侣的欣赏化成言语表达出来，有些人对这种方式非常受用。调查发现，很大一部分男士的爱的主要语言都是肯定的话。

说好话，不容易

"爱在心口难开"，要说出好听的话，不是那么容易做到的，甚至还会觉得用语言讲出来很肉麻。

也有人想当然地认为，对方应该会知道自己的想法。其实许多时候，没有讲出来的话，对方是会不知道的，毕竟人类都不会"测心术"。要学习把感激、欣赏、赞扬的话语表达出来，对方才会领受到。

说出好话不容易的原因主要来自两个方面：可能是成长背景，因从小较少被他人赞赏，所以没有榜样可循；或者有错误观念，以为说太多好话会使听者自以为了不起而骄傲起来。可是事实显示正确欣赏与肯定对一个人的自我形象大有好处，还会刺激对方更想做好。

我的丈夫就是属于这类型的人。当我以话语对他表示赞赏时，他就有动力做得更好。

修水管

一位妻子知道肯定言词的重要性之后，就决定找机会称赞丈夫。一天先生下班后发现家里厨房水管阻塞并有漏水现象，于是二话不说地就脱掉衬衫，找出工具箱，趴到水槽下检查，并开始修理起来。

按照过去，太太会很不高兴地在旁指指点点，因为她觉得先生的修理都不够专业，而且都不做善后工作，所以很不喜欢他修理家里的东西。但是，现在不一样了，她想起不管如何，总要对丈夫所付出的努力表示欣赏与肯定。于是她就有点尴尬地向躺在水槽下的太太说："过去都没有向你表示感谢，其实你实在是负责任的好丈夫。看你工作一天，回来也没喊累，就赶紧帮忙家务，我实在是嫁对人了！"没想到，这位先生原本还扭不开水管接头，听到妻子这番话，真是有如虎添翼之神助，非但扭开了水管，还将水管扭断了！

学习表达肯定

既然肯定的言辞这么重要，我们确实需要好好学习正确有效地表达出对伴侣的爱意。刚开始的时候可能彼此都会感觉尴尬，但是只要坚持练习，一定会越来越熟练。

如此才能将配偶"爱的油箱"装满。下一章将会再提到这个重要课题。

2. 精心时刻

"精心时刻"是指两人全神贯注于对方的"一对一"时间。不是一起看电视，因为看电视时注意力在电视上；也不是全家时间，因为这样注意力会被家庭其他成员分散掉。

可以是两人坐下来面对面或者相依偎地交谈，共进午餐或晚餐，一起散步，一起开车兜风等。当一个人爱的主要语言是精心时刻时，以其他方式示爱效果都不会太好。

送错电波，不领情

我主要爱的语言，是属于精心时刻。过去我的先生不知道时，经常以服务的行动表达他对我的爱。只可惜每一回我都不领情，因为我爱的接收器不收服务行动。

结婚头几年每当我问他："你有没有爱我？"

他就会回答："有啊。"

我再问："那你是怎么表示你爱我呢？"

他就会说："你看我将草坪割得这么整齐，所以我很爱你！"

问题是，我需要他将注意力专注在我的身上，才能感受到被爱。所以当他割草坪或是做家务时，我只是觉得他很会照顾这个家而已，并没有将这些事与爱情联系在一起。

之后虽然我们更加了解彼此的需要，但是孩子也渐渐多起来，更是分掉我们夫妻当中的精心时刻。于是，我们找到一个变通的好方法，既可以全家出游，又可以有二人时间。

我们在那段时间轮流一年买南加州圣地亚哥（那里离我居处地来回只需要三个钟头的车程）动物园的年票，一年买海洋世界的年票。

只要周末有空，我们夫妻就驱车带着三个孩子去那里走走逛逛。孩子们尽兴地游玩，等到要回家时每个孩子都精疲力竭，一上车倒头就睡。我与先生就利用这段时间稍作交谈。

3. 接受礼物

夫妻之间互送礼物，有时是很有用的。这对喜欢花钱买东西的人，可能比较容易做到。若对储蓄投资较有兴趣的人，学习送礼物就会比较困难。

假若你的伴侣，主要爱的语言是接受礼物，不妨多多投资，因为花钱在自己所爱的人身上，其回收报酬率特高。但是若过去配偶对你所送的礼物都吹毛求疵，那么很可能，他／她爱的主要语言不是接受礼物。

圣诞皮夹

读者可能从前面的阅读已经知道，我的先生是个既节俭又实际的人。

有一年的圣诞节，我们去一个购物中心逛街。当时整个中心人山人海，先生与我一不小心就被人潮给分开了。

我一个人进去一间皮货专卖店，看中一个皮夹钱包，想要送给先生当圣诞礼物。排了半个钟头的队伍，终于买到钱包。

走出店门正好撞见先生，他看我手上拿着袋子，就问我买了什么，我照实以告。

没有想到，这位老兄居然说他不需要皮夹，要我拿回店里去退掉。我跟他说，我排了那么久的队好不容易才买到，现在我马上又要回去排队退货，我才不愿意。他很慎重地说："你不去也行，不然我去！"结果，他还真的转身调头，进去退货。明显，我的先生爱的语言不是接受礼物！唉，也好，早一点知道他的喜好，可以少花冤枉钱！

以后没有了！

接受礼物在我爱的语言中排第二位。因为不是主要语言，结婚初期先生若买了什么东西给我，我若觉得不够满意就会拿回店里退还。

有一次先生看我需要一个手表，刻意去买来送我，拿给我的时候专门对我说："我特意挑了这个，我想你会喜欢的，如果你还是不喜欢可以拿去换。反正，我买的东西你几乎都退掉了。其实，买东西应该你自己去，省得麻烦！"

我听了想想也对，再退货下去，恐怕以后先生就不会再买礼物送我了。所以虽然那个手表我乍看之下，不是最喜欢的颜色，仍然赶紧欢喜收下，结果戴着戴着，越看越顺眼！

礼轻情意重

在爱的五种语言中，送礼物是最容易的。常听说"好钢要用在刀刃上"，既然配偶喜欢礼物，就可以隔一段时间来一次礼物"大轰炸"。如：一天三次送大小礼物，或是一星期天天给礼物。就像美国有一首圣诞流行歌，叫作"12天圣诞"，内容就是爱人在12天内，天天送给对方不同的礼物。

若是送得起贵重的礼物，当然很好。但是礼物不一定需要很高的花费，需要的是其中特别的情意。河边捡的圆滑的石头，可以代表两人坚固又圆润的爱情；种一棵果树，代表两人的婚姻结实累累；亲手做的纪念品；后院剪的鲜花……只要你肯用心，身边随处可见的小物品都可以是情意重的礼物，就看你如何赋予有创意的意义。

两个摆饰

在我的书架上，摆着一件名贵的西班牙瓷器。这家公司限量生产的瓷器晶莹剔透，美得令人陶醉，只是价钱也像它的名气一样高昂，我通常只能站在橱窗外欣赏。有一次我生日，先生忍痛买了这家的一个陶瓷物件给我，我当然爱护有加，异常珍惜。

但在这名贵的瓷器旁边，另有一个粗糙滑稽的小丑陶器，我对这个价格便宜的摆饰却也情有独钟。因为这是一次我与先生冷战闹别扭，先生送给我的，他还附上卡片写道："我像这个小丑一样，想要逗你开心，博得你的微笑！请不要再不理我！"这个小丑虽然不贵，却因为赋予意义，是一份有意义的爱的礼物。我每次看见这个小丑，就想到先生的心意。

4. 服务行动

如果你问你的配偶："我该如何做才可以使你感受到被爱？"而他／她回答："将后院的篱笆修好！"那么你的伴侣爱的主要语言，很可能就是服务的行动。

这时你可以请伴侣列出一张十项清单，在未来的一个月内你为对方做好。最好在每个完成的服务行动上张贴告示："送给'亲爱伴侣'爱的礼物！"

5. 身体接触

人们遇见危机时，见面第一件事就是互相拥抱，因为身体的接触是爱最有力的传送者。以身体接触为主要爱的语言的人，喜欢配偶经常来抚摸自己、按摩背部、牵手、亲吻拥抱、行房等，享受肢体上爱的抚摩。

许多男士误以为"性爱很重要"，就等于自己爱的主要的语言是身体的接触。

但是《爱之语》的作者认为并不一定。他要男士试想，若是妻子整天唠叨批评个没完，到晚上自己是不是还仍想要与这喋喋不休的妻子亲热一番。答案若是否定的，那么表示身体接触虽然很重要，却不是你最主要的语言。

假若你的伴侣主要的爱之语是身体接触这项，可以尝试一些新的表达方式。比如，在人多的房间摸摸配偶，表示我还在这里支持你。又比如，以手指梳理配偶的头发，传达温柔细腻的爱。还有在电影上，有时会看到男女主角，在桌子底下偷偷地摸对方的手和脚，这同样很浪漫。

我先生的第二爱之语是身体接触。所以，在家中没事时，我就会去摸他一把，或坐到他的大腿上。当他开车时，我也会伸手过去，轻揉他的耳朵与耳垂，让他收到我对他的爱的信息。我也曾看过一对夫妻，每次一起去参加祷告时，一定会握住配偶的手，表示两个人一起领受上天的祝福，携手共进。

在本书的附录中，有一份爱的五种语言测验题，夫妻都应该试着做做看，以了解自己与伴侣的爱的语言。一般说来，妻子比较多以"精心时刻"为主要爱的语言，丈夫多数以"肯定的言辞"为主要接收爱的方式。

天生特质不同

除了每个人对爱的接收器不同之外，男女有许多天生不同的特质，就好像各自说的不同语言。想要沟通就要学习对方的语言，才不会鸡同鸭讲。

【案例探讨】

小芬想买一件衬衫，雄辉也正想表现体贴，于是陪太太去购物中心。

小芬拿起一件给雄辉看："你觉得好不好？"

"好，就这件！"

小芬接着又拿起另一件："那这件如何？"

"这件也不错，就二选一吧！"

哪知道小芬看完空手出来又到另一家，再到另一家。就这样左挑右选，进进出出，到最后变成看裙子："你看这件裙子，妹妹穿起来会不会好看？"

雄辉忍无可忍没好气地回答："你有没有搞错？我们是来买衬衫的！"

小芬看到雄辉不耐烦的样子，也凶回去。

两人败兴而归，几天不讲话。

请问问题出在哪里？

原来，女人逛街是享受过程，并不一定要买到想要的东西。男人却是以目标导向，一旦有目标就以达到目的为原则。男女的差异在此就很明显。

男女从小兴趣不同

研究发现在婴儿期就能看出男女的许多不同。女婴对人的五官很有兴趣，可以注视很久。相对的，男婴看人脸只能注视短暂时间，就被其他机械性物品或声音分心。

等到孩子稍大一点，5岁的女孩所发出的声音，100%都是有意义与人沟通的言语。相对的，5岁的男孩所发出的声音，有40%都是噪音，如火车的声音、机器的声音等。

又有研究发现，连接人的左右脑的干道中男人的神经连接比女士要少40%。

而"情绪感受"与"语言表达"各在不同半脑，当有情绪要用语言表达出来时，需要我们双脑并用。想想原本五车道的高速公路，若是关掉两条车道，必定会造成交通阻塞。老婆这方是五车道的高速公路，有感受就可以劈劈啪啪讲出来；老公这方却只有三车道，还在交通阻塞当中，难怪讲不出来。这可以解释为什么大部分男士语言表达情绪的能力没有女士强。

男人理性，女人感性

基本上，男人从工作中获得理性的自我肯定，而女人从人际关系上获得感性的自我肯定。

男人喜爱逻辑，推理分析，实事求是，注重精确数据。所以男士聚在一起，不讲心情及情感问题，喜欢讨论政治新闻及事实真相，有较强的征服欲，打球或运动总要拼个输赢、分个高下才肯罢休。

反观女性在一起，则较喜欢分享感受、梦想，做事凭直觉，讲话凭感觉，完全没有逻辑可循。

买车看法不同

结婚初期，每次买车我都会受不了我的老公。他买车子，必定做许多数据调查与研究，包括车身长度、车内宽度、马力、引擎大小、折旧率、耗油量等，而且还去一家家汽车销售店试开，没完没了。

如此这般到最后，我都会投降：等你决定哪一辆再告诉我。我的决定很简单，只要车型及颜色喜欢就好！若是让我决定，我都不知道已经买了几辆了。

打球、下棋态度不同

若有一群男生打篮球，当中有一人受伤，通常会请受伤的人下场，其他人继续打球，总要分个胜负。但是若有一群女生打球，当中有一人受伤，女人就很有可能说："别打啦，都有人受伤了！"这是因为男性较有征服欲，女性则更重视群体之间的关系。

在儿子上小学的时候，我的先生就专门教儿子下中国象棋。没想到，先生没有考虑孩子刚起步学习还不怎么会下，每盘都将儿子的棋子杀得片甲不留。

我这做妈的实在看不下去，就从中干预，命令先生一定要故意输给儿子。结果一下子两个人都不玩了，因为他们都觉得这样不好玩！男人要分出输赢，在理性中寻找胜利快感。女人则在意关系中的感觉，以关系为重。

我要打你

我的儿子是个善良、感情丰富的孩子，但是男女天生在攻击性上就有不同。

当他小时与姐姐一起玩时，会跟姐姐说："你当坏人，我当好人。好人要打击坏人！"。

姐姐不愿意，就说："我不要当坏人。"

弟弟赶紧说："好好，让你当好人，我当坏人。可是坏人还是要打好人。"

不管怎么样，他都是要做打人的那位。

从孩子小时我就注意家里不买玩具武器，以免孩子养成暴力倾向。只是儿子仍会用乐高这样的塑料拼装积木组装成刀枪模样，大玩官兵抓强盗的游戏。这也是为什么男性较会以打仗来解决问题。

单轨头脑

一般男性属于单轨头脑，一次只能做一件事，很难叫他同时又油漆又聊天。就如我的先生喜欢动手做家中的维修，新婚时我总跟在他身旁，心想他虽手在油漆但嘴巴闲着可以聊天，于是坐在旁边与他闲聊，发现他总是有一搭没一搭的，久了我也知难而退了。

有一些男士开车就无法讲话，一心一意只能开车，若是一定要他发表意见，就会将车速慢下来，甚至连变换车道都不会了。

但是许多女性可以耳听四面、眼观八方，可以同时炒菜、洗衣、看电视、听电话，还可以听到孩子钢琴有没有弹对音符与旋律！

没有衣服穿

女人讲话凭感觉，出门换外出衣服时，总会喊："没有衣服穿！"先生就说："衣橱都要满出来，还说没有衣服穿！"那是因为，女人讲话是不用逻辑分析的，单凭当时的感受。当太太说找不到衣服穿时，意思是找不到可以配搭当时心情与感觉的衣服。

但是如果男人要出门的时候说："哦，我没有裤子穿。"这时他就的的确确没有一条干净的裤子可以穿了。

有逻辑根据与不可理喻

男人讲话实事求是，有逻辑根据；女人讲话却管不了这么多。妻子对丈夫说："你就只会一天到晚看电视。"丈夫就会反驳："我哪有'一天到晚'看电视？今天早上就没看啊，怎么说我整天看电视？不可理喻！"其实女人的意思是："我'感觉'你一天到晚在看电视，没有注意到我。"

不想煮饭

太太看见先生回家就跟他说："我今天不想煮饭！"通常逻辑推理的先生就会提出建议，去外面吃或由他掌勺。若是太太对每个建议都拒绝，这时老公就会丈二金刚摸不着头脑，只觉得老婆很难缠。其实丈夫需要使用感性疏导法，先尝试了解太太的心情并表示安慰，最后就能拨云见日，解决难题。

曾经有一次我以"不想煮饭"为话题让学员讨论，有个可爱的先生居然建议："不想煮饭，那煮面好了！"这是个很典型，只用逻辑头脑而忽略情感的建议。

然而这里也不是说女人可以任意耍脾气，而是应学习更理性地主动讲出自己的需要。这样可以免得丈夫搞不清状况，越搞越糟。

有一句话是这样说的："妈妈快乐了，全家也就快乐了！"真的是这样，妈妈对全家的气氛影响力就是这么大！

走入对方的世界

女人从感受讲起，男人从理性出发，各自固执己见时，鸡同鸭讲的笑话必定百出。所以正确做法是，女人要学习了解男人的理性逻辑，男人也要学习感性体会女人的情绪感受。

专家发现男人若学习感性沟通，则心血管会更加健康。甚至有研究发现，若男人体贴太太的辛劳，主动帮忙洗碗，寿命可以增加3至5年！当然，女人若学习更理性一点来沟通时，则生活会更称心如意，家庭也会更和谐快乐！

如此彼此走进对方的世界里，男女的差异将不再是问题，而是使我们的生命更宽广的学习。

男人学习感性，健康长寿！女人学习理性，称心如意！

9
男女基本情绪需要

做丈夫的需要给太太的情绪是，

亲密、敞开、

被了解、安全感。

做太太的需要给丈夫的情绪是，

感激、接纳、信任、

赞美肯定。

加油啰！

女人的基本情绪需要

　　男人要先爱你的妻子，女人的尊重必定会跟着来。所以先来谈谈女人的基本情绪需要。丈夫需要给太太四种情绪基本需要：亲密、敞开、被了解、安全感。太太需要给丈夫四种情绪基本需要：感激、接纳、信任、赞美肯定。

1. 亲密

丈夫与妻子二人成为一体的联合，既是心灵也是身体的契合。女人既然是从"关系"获得自我肯定，与先生之间的亲密肢体接触就显得异常重要。

我每次到新的地点开课，都会讲一句西方人的俗语："一天要有三个拥抱，那天才能活下去；再加三个，那天才能活得兴旺茂盛！"（Three hugs a day to survive；three more to thrive！）我会建议并要求学员找到六个人拥抱。大家拥抱之后，都会较放松并有更多笑容！

有意义的肢体接触

根据美国加州大学洛杉矶分校（UCLA）所做的研究，70%～80%的女人一天需要有8到10次有意义的身体接触，身心才会健康。有意义的接触可以是牵手、拥抱、抚摸、亲吻等。老公们，若是你经常觉得老婆怪怪的，很可能是拥抱不够！

已婚与否

有人说，若想要知道海边戏水的一对对男女到底结婚了没有，其实很简单，只要观察下面一个细节：若是男方献殷勤，帮女方擦背部的防晒油，肯定是还没有结婚；若是女的弯转勾臂地擦自己的背，则肯定是已经结婚了。真是奇怪，婚前男士总是找借口，对女友东摸一把，西摸一下，曾几何时变得兴趣缺缺？

红灯亲嘴

有一对老夫老妻正开车回家，老婆坐在旁边，有感而发地说："唉，结婚久了，婚姻都变得乏味无趣！""对了，我想到婚前，我们每次开车都喜欢玩一个游戏。那就是每当我们车子被红灯挡住的时候，我们就会亲嘴，一直亲到绿灯。我们再来玩那个游戏好不好？"老公想了一想说："好吧！"只是说着说着，他就将车子转上了高速公路！因为高速公路没有红绿灯。真是可悲啊！其实婚后，妻子仍很需要肢体上的亲密！

2. 敞开

前面章节提到，一般男士的语言能力不如女性，当意见不合时，因为讲也讲不赢，干脆就放弃沟通，采取冷战策略及消极对抗的方式。甚至有些先生不承认自己不高兴，而在一旁偷偷生气。太太看出蹊跷，问他有没有生气，却得到先生以不悦的声调回答："我没有生气！"女人需要丈夫向她敞开心事。

不可苦待妻子

"你们做丈夫的，要爱你们的妻子，不可苦待她们。"妻子希望了解先生的思想与感受，如果丈夫有想法却故意不讲，就是苦待妻子；明明生气却说没有生气，就是以诡诈对待盟约的妻子。

男人像孤岛

许多专家都发现，男人好像一座"孤岛"，不喜与人联结。而女人则整天划着独木舟在其周围环绕，希望能靠岸登陆，但是却经常大失所望。

所以男人要学会将想法与感受分享给妻子，这样她才会有与先生携手同行的感觉。

3. 被了解

两性的差异使丈夫不太了解妻子的需要，甚至会觉得女人婆婆妈妈，啰里啰唆。但做丈夫的要"按情理"（英文是be considerate，有"体谅"及"了解"之意）与妻子同住，因为她比你软弱，却与你一同承受生命之恩。所以做丈夫的要敬重自己的妻子。

这里对丈夫有一个很严重的警告，那就是先生需要体恤太太的需要，若是轻视或不尊重妻子，那么结果肯定会导致婚姻不幸。

不可理喻

有一个笑话说，当上帝与亚当在伊甸园中散步时，亚当问："上帝，你为什么将女人造得这么美丽？"

上帝说："因为要让你爱她啊！"

可是亚当想起夏娃不可理喻的时候，就又问："那你为什么将女人造得这么笨？"

上帝看看亚当就说："因为要让她爱你啊！"

女人不是笨，而是与男人不同！

需要有倾诉对象

妻子的另一个需要就是"被了解"。想法和情绪要说出来才能被了解，而丈夫就是她倾诉的第一人选。太太希望先生能每天听她的心声，这样才能产生心灵的亲密感。

有研究发现，两性每天说话的平均字数，女人是男人最少两倍以上。若男人一天约讲7500字，女人则最少要讲15000字。而先生通常在上班时间就已将一天要说的话讲完，回到家就已无话可说！但是家中的太太，却还有满腹的话无处倾泻，就专等先生进门。

于是有人戏说，这时太太的话语就像机关枪似的砰砰砰地扫射一番，先生往往就被15000个字"扫得"应声倒地。

妻子希望与先生每天都有心灵相会的时间，这样婚姻才不会出大问题；而先生却认为，每天要听太太讲那么久的话，这就已是个大问题。这时若先生能体谅妻子的需要，当个积极的聆听者，相信太太必定会给丈夫加分。

大家还记得前面的300对享有美满婚姻的夫妻吗？这些夫妻每天都有一个钟头的聊天时间，难怪他们幸福快乐！

4. 安全感

女性的安全感较低，所以丈夫们不应吝啬给予重复的保证与肯定。先生应绝口不提离婚，更不能对妻子动粗，而是要委身于妻子，并且把她当自己的宝贝。

保养、顾惜

丈夫也当照样爱妻子，如同爱自己的身子。爱妻子，便是爱自己。

丈夫爱妻子要如同爱自己的身体一样地"保养顾惜"。保养

（nourish），即滋润培养，也就是使太太感受到被爱情滋养，脸上发光。而顾惜（cherish），是以她为乐，使她知道你喜欢与她在一起。甚至为她做一点小事，如开车门、倒茶水、拉椅子等。只要丈夫做到了，保证太太必定受宠若惊。

恋爱中的女人

有一则牙膏广告：一群女人在餐厅喝下午茶，正当兴高采烈的时候，一位迟到的女人翩然来到，大家的注意力顿时转到她身上。马上有人质问这位迟到的女人："看你笑得这么灿烂，老实招来，你在跟谁谈恋爱？"这位女人赶紧说："没有！"其他人就说："不要骗人了！脸都变美又发亮，还说没有。"这位女士说："那只不过是我用了某种牌子的牙膏！"

事实上，恋爱中的女人真的是可以看得出来，她的脸上肯定容光焕发！我经常对先生们说，看看你老婆的容貌，是"发光"还是"发黑"，就知道你有没有以爱情滋养老婆。

一个"被珍爱"的女人和一个"没有得到爱"的女人是有区别的。

为她做一点小事

西方男士较会为女士服务，为女人开门、开车门、拉椅子、倒茶水似乎是理所当然的绅士行为。东方男士这方面就很欠缺，或许追求的时候会为女友做一些事，婚后就很少为太太服务。当一个人很喜欢另一个人的时候，总是把对方当宝贝，尽量想为对方做一点事情，无论大小。

我曾在课堂上对太太们进行调查：若有一天先生主动为你开车门，在餐厅为你拉开椅子，贴心地为你端饮料茶水，你会作何感想？许多妻子都说，首先会昏倒！然后会觉得自己就如同皇后公主般被尊宠宝贝着。

丈夫的特权

有些丈夫在得知这四项女人的基本情绪需要之后，大叹"男人真命苦"！但是要想想，在这世上千万人中，上天只给你有特权，使你可以满足你妻子被爱的需要。这是何等的权利，不要等闲视之！如果先生满足了太太爱的基本情绪需要，相信妻子必定也会对丈夫更加尊重！

施工中，诸多不便，敬请原谅！

我过去经常在施工的道路上看见这样一句话：施工中，诸多不便，敬请原谅！每个人都尽一生在学习成长，希望能越来越好。然而学习需要时间！就像拓宽道路需要"整修施工"一样，其过程会造成许多不便之处。

人的性格成熟需要时间，重要的观点最少要听七次才会进入脑海中。不要对配偶太快批评及下断语，如："你是不可能改的！你若真改，太阳会从西边出来！"

这样的话不会激发动机，只会使对方泄气。敬请妻子切记耐心包涵，在旁鼓励支持先生，他才有动机做得更好！

男人的基本情绪需要

接下来要谈谈妻子如何满足男士的基本情绪需要。

1. 感激

刚刚提到女人基本情绪需要的第四点，女人对男人的服务行为，如倒茶水、开车门等，感受到被宠爱。但是男人却不是靠女人为他做事而感受到爱情。有些太太对先生照顾得无微不至，先生被娇宠惯了，不但不感激，反而觉得理所当然。

第六章讲到男人在家中没有被感激以及肯定，可是在女友那里却被需要与推崇，以至于男人在老婆及女友前，行为表现往往截然不同。

肯定他的付出

事实上，男人是妻子的而不是坐着等别人服侍的。也就是说，妻子服务丈夫，丈夫不见得感受到爱情；女人若能肯定、感激先生的付出，他就会心满意足。

要肯定丈夫的付出，感激他承担整个家庭的辛劳，将一家之主的地位给他，让他明白女人是帮手，丈夫是头儿。只有当太太表达感激，先生才会觉得一切的辛苦有价值。

先歇息一会儿

有一位在家哺育幼儿的妈妈，经常抱怨自己的先生说他下班回家后，往往都不知道赶快来帮忙照顾孩子。直到有一次偶然机会，她去公司探望先生，才发觉丈夫每天面对的工作压力与辛苦。于是这个太太决定改变自己并要对先生好一点。

第二天当老公下班回到家，她就笑脸迎人柔声地说："回来啦，辛苦了，累不累？先坐着歇会儿吧！"没想到先生受宠若惊，满脸狐疑地问道："你今天买了什么贵重的东西，才对我这么好？"

不要"将丈夫当儿子养"

妻子不要再一个劲地只知操劳家务，要学习通过感觉去爱先生。我时常听到有些太太逢人就说："我家有三个孩子，两个小的，一个老的。"言下之意就是，先生也是她的孩子！这如果是当笑话讲一讲也就罢了，可是，确实有许多太太真的将丈夫当儿子养！

"将丈夫当儿子养"有许多坏处。首先，母亲对儿子总是照顾周到，从头到脚，无微不至，最后孩子对家务没有责任感，于是衣来伸手，饭来张口。想想老公若也宠成这样，能有什么好？自己操劳累垮身体，也不见得会有人感激你的！

还会有另一个坏处，母亲对不懂事的儿子，总是再三叮咛，并且随时管教。对先生若也像管教儿子一样，总觉得他不够好，颐指气使，唠叨批评，先生心生怨气，夫妻关系怎么会好？更何况，你的先生已经有他自己的妈妈，他需要的是妻子而不是妈妈！在一般夫妻中，先生需要被妻子感激，这一点却常被妻子忽略。

2. 接纳

男人最大的抱怨就是，女人总是企图改变他。婚姻目标不应是改变配偶来配合自己，而应是改变自己好接纳及享受对方。有一些年轻妇女异想天开，希望婚后再慢慢改变对方的坏习惯，其实这是错误的观念。

错要承认，对要闭嘴

每个人都有优缺点，太太要学习接纳先生的缺点。做丈夫的犯了错，有时不愿道歉，是因为担心妻子不原谅他，更害怕会被落井下石地说："我不是早跟你说了吗？你偏偏不听我的话！"如果妻子真这样说，丈夫就会恼羞成怒。这时太太应放低姿态，不要得理不饶人。所以最好的方法是，错的人要赶快承认，对的人却要赶紧闭嘴。

士可杀，不可辱

有才德的妇女开口就有智慧，有仁慈。但是那争吵唠叨的妇人，却会让人巴不得躲到屋顶上去。丈夫事情做得不够好自己岂不知道，此时他需要的不是穷追不舍，落井下石。所谓的"士可杀，不可辱"，这时他更需要妻子的爱与接纳。所以，有婚姻专家指出，大丈夫面对刀枪浴血不退缩，"抛头颅、洒热血"都不害怕，但是要他向张牙舞爪的太太说道歉，就十分为难了！

假若妻子在先生犯错的时候饶恕对方，先生心生感恩，必定会更加疼爱妻子。

过度唠叨，会讨打！

有研究发现，暴力家庭中被丈夫殴打的妇人，有一个共同的特点，就是得理不饶人，异常唠叨。专家认为，这些妇人因为不知道何时应该闭嘴，最后先生受不了，只好以拳头相向。

3. 信任

太太们喜欢这则笑话："我家大事归老公管，小事归老婆管。只是到现在为止，我家还没发生过大事！"也有姐妹们半开玩笑地说："男人是头，女人是脖子，脖子决定头的方向！"许多妻子不只不信任丈夫的能力，甚至对丈夫所做的每件事情都有意见，到最后大小事一手包办，却又怨声载道。而丈夫就在妻子的批评与指挥之下渐渐退缩，无法发挥他原来的英雄本色。

后座驾驶

美国有一个形容操纵者的词叫作"后座驾驶"，意思是没有开车的人却拼命指挥驾驶者。许多妻子真的是名副其实的后座驾驶！有一幅漫画画着一位先生在开车，太太坐在一旁怒容满面，先生赔着笑脸说："亲爱的辛苦了！你要不要休息一下，换我独自来开！"

当对别人的一切事情都干涉时，就是专家所说的"人我界限不明"。而女人常犯的毛病就是，该管和不该管的事情界线分不清楚，最后全都要管，这就是"越界"。其实心理专家指出，经常越界的人，是安全感不够导致的，他们想要借着掌控对方，让自己感觉安全。

买滑雪板

结婚前几年，也因为我不成熟以及安全感不足，很喜欢干涉先生的一切，对每件事总有意见。有一天清晨，我心有所悟，觉得应更多地尊重和信任丈夫。当下就下决心，要学习更信任他。

正好前一天晚上洛杉矶有寒流来到，附近的山上下了大雪，先生就建议带孩子去山上赏雪、玩雪。要是按照惯例，我一定会反对，因为我很怕冷，在山下就已经冷到不行，还要去山上赏什么雪！可是既然早上自己下决心要学习尊重和信任丈夫，所以只好舍命陪君子，跟他上山吧！

一路开车上山，看见路旁有一些商店在卖滑雪板，我就跟先生说，我们也应买两个，这样孩子才有得玩。先生很配合地找到商店并将车子停到路边，仍旧坐在驾驶座上。我问他："你怎么不去买？"他回答："我不要去！因为我买的东西，你每次都有意见。最好你自己去。"我立刻说："哦，这次我一定不会这样。"他问："真的？"我赶紧保证："真的，真的！"

当他下车后，我的心中在想两件事。第一，我真的管得太多，害得我先生连一个5块钱的滑板都拿不了主意，真应更多尊重和信任他。第二，那边卖那么多颜色的滑雪板，他最好不要选"那个色"就好！没想到，他回来时手中拿的两个滑板都是"那个色"！当时不悦的话语已经到我口中，还好有突然内心响起提醒自己的声音，才将不合宜的言辞吞回去。

其实，颜色是个人喜好问题，没有绝对的对错，我不应将自己的喜好强加在别人身上。有了这样的认知以后，我就更尊重丈夫的决定，信任他的能力，放心交托他去做事，而丈夫也才有发挥与成长的空间。谚语说："不许她辖管男人，只要沉静。"这里提到的是，妻子要学习沉静有智慧，不要管辖丈夫。"而先生们务要儆醒，在真道上站立得稳，要做大丈夫，要刚强。"也就是说，做太太的要还先生刚强的英雄本色，不要把英雄当狗熊。

吃哪家餐馆

有一位太太听了我的滑雪板故事很受感动，也暗下决心要更多地尊重和信任先生。当晚举家要去外面吃饭时，先生就问太太要去哪一家餐馆，太太心想机会来了，可以表现尊重与信任先生的决定，于是回答："随便，你选一家吧！"先生怯生生地说："不行啦，我选的你每次都不喜欢。"太太赶紧说："不会，我一定不会。"这位老公不敢置信地再问一次："你说的哦！"老婆也再一次保证，于是他们就开车上路了。只是路上这位妻子想，最好不要去某家餐厅就好，那家煮的菜又油又咸，真难吃。读者可以猜到，他们就是去了那家餐馆！而这位女士，一边吃一边生气，最后还是忍不住骂出口来。

其实，吃哪家餐馆真的有这么重要吗？难道只有这位女士的意见才是对的？正确的做法应该是，开阔心胸，接受不一样的看法、意见与喜好。

深夜厨房有异响

正当深夜，家人都已入睡，突然楼下发出异响，夫妻都醒过来，是不是有小偷进来，两人当中谁会下楼去查看？一般正常家庭，最快跑下楼去查看究竟的肯定是先生。应该不会有先生很胆怯地对太太说："平常我们全家都怕你，我看还是你下去吧！"因为男人都想要保护并服务他所爱的人！

英雄救美

有一个故事，一位勇士在森林里打猎，突然听到城堡上公主呼喊救命，原来有一只猛兽在城堡下面。勇士张弓搭箭射死了猛兽，公主欢欣不已，敞开城门迎接勇士进来，举城的人民也都欢呼庆贺，而公主与勇士也谈起恋爱。之后又有一次，来了一怪物侵袭，当勇士正要搭箭时，公主在城墙上就要求他用绳索活捉怪物。勇士果然英勇无比，不负所望，成功完成使命，再次受到城里民众的欢迎，但是这次勇士却没有上次那么高兴。当第三次又有猛兽来袭时，公主这次改变心意，命令勇士用毒药毒死猛兽，虽然勇士照做，只是这次勇士不但没有高兴，反而有点悻悻然。

现在勇士出门，体贴的公主都会为他预备好绳套与毒药以备万一。有一天勇士在森林打猎，听到另一处有女人声音在呼救，原来是另一个公主的城堡前也有一只猛兽来袭。勇士看到后想要帮助，却一时愣住琢磨思考：到底是要用箭，还是用绳索，或是用毒药来杀猛兽呢？

最后勇士醒悟过来，仍用自己过去善用的射箭方式，将猛兽杀死。而这名勇士就被另一座城堡的人欢迎进城，从此不再回去从前那个城堡了。

信任他有能力做最好的决定

这个故事与婚姻有许多相似之处，如果女人不懂得尊重与信任男人的做法，硬要他按照自己的想法去做，最后他就会忘掉自己是谁，失去自信，心中亦悄然产生不满与怨气。事实上，同一件事可以有许多不同的做法，达到殊途同归的结果。当女人信任男人时，会让他对自己更有自信，下一次就可以做得更好。

"妻管严"笑话

话说全人类都来到天堂门口，等着进天堂。

于是上帝出来指示："女人跟着圣保罗，从另一个门进去吧。男人则排成两队，在地上时'被老婆管的'排成一队，'管老婆的'排另一队。"霎时间万头攒动，等一切尘埃落定后，只见"被老婆管的"队伍排到看不见队尾；而"管老婆的"队列只有一个人。

上帝看见这样的结果异常失望说："当初我创造人类，先造男才造女，怎么你们这些男士都没有当大丈夫，反而被老婆管？真没出息！"

于是，上帝请那位唯一管老婆的"猛士"传授分享与众不同的原因。只见那名唯一的男士唯唯诺诺地说："我也不明白为什么会站在这里，只因我老婆叫我站这排，所以我就站这里。"

4. 赞美肯定

这项是男女都适用的，但是男士似乎比女士还要更在乎。当夫妻以言语及行动表达对对方的欣赏与爱意时，就是在对方的感情账户里存上了一笔款项。而口角、批评、指责就是在对方的感情账户提款。高特曼的《婚姻诊所》一书提到，快乐夫妻存款与提款的比率是5∶1。原来他们会越来越相爱，是因为他们爱情账户存款与日俱增。相反，走向离婚的不快乐婚姻，存款与提款的比率是0.8∶1。情感账户长期亏空，难怪彼此都不快乐。

黑色渲染

人们都倾向扩大缺点，注意对方做得不好的地方。若是一张白纸上有一个小黑点，尽管其所占的比例很小，我们通常只看到黑点。在我的课堂上，我会让学员们注意教室中所有黑色的东西，然后请他们闭上眼睛，回想教室中还有什么其他颜色。往往学员一旦注意黑色后，几乎就看不见其他颜色。这就是心理学中所说的黑色渲染原理。

也就是说，当注意力在黑色或负面的事物时，会将黑色与负面渲染扩大，而对其他的事物视若无睹。婚姻中若顺其自然，被黑色渲染原理引导，则夫妻就会只见彼此的缺点，看不见优点。所以若想要婚姻走向康庄大道，不可或缺的一环就是要注意彼此的优点，并表达出来。换句话说，也就是夫妻要每天到彼此的情感账户中去存款。

存款公式

学习每天为对方的感情账户存款，以下是两个存款公式。

"我今天最欣赏你的是……"

"今天我要特别感激你的是……"

夫妻感情账户与银行账户有一些相似之处，如：应"先存后提"，以免透支或开空头支票被罚款。还要记得"多存少提"，因为存款与日俱增，才表示公司稳步发展，营业额不断增长。另外可以"他国存款"，也就是将赞美肯定的话告诉别人再让这好话传进配偶的耳朵。还有一种是"公开存款"，就是当着配偶的面，向大家列举配偶的好处。

正确称赞

要赞美配偶也要有正确的方式。除了表示专注的眼神，以及面带微笑的肢体语言之外，还要学习仔细描述伴侣的好处。如果能针对配偶所做事情背后的"动机"与"内在人品"来进行称赞，才是更高级的称赞。

动机

在我返回学校读书期间，没有多余的时间和精力打理家务。我的先生义不容辞地把家务琐事扛起来，洗衣买菜，打扫卫生，连他最不感兴趣的烧煮饭菜，也很主动地接手。只是老实说，他实在没有烧菜的天分，葱蒜都搞不清楚，经常会把青菜烧糊成土色。若要等他烧一桌满汉全席的好菜才称赞，实在不太可能。但是，更有意义的赞美是，看见"土色菜"背后的美好动机。所以，当老公呼叫可以吃晚餐了，我会让孩子们在餐桌前起立鼓掌，以表示对爸爸的感谢与肯定。

我会带头先讲赞美丈夫的话："谢谢你，你实在是全世界最体贴的老公！你不喜欢煮饭却辛苦又主动地为我们煮爱心晚餐，你真是太棒、太好了！我怎么能没有你！"

接下来是孩子们，他们一个个都讲几句称赞爸爸的好话。于是，老大就说："爸爸真好，可以辅导我的功课。"老二就说："爸爸真好，可以陪我打球。"老三就说："爸爸真好，可以抱我。"最后我们一致表决，最好可以"复制"爸爸，这样我们就可以每个人都有"专属爸爸"陪伴着！

当家中的父亲知道自己被如此看重与需要时，必定会为这家赴汤蹈火、在所不辞！

人品

在我到处开课讲学的过程中，经常会开玩笑地说："不要小看我现在这个样子，以为我没有什么背景及来头。殊不知在许多年前，我可曾经身价百万美元哦。"这的确是事实。

我与先生在一次投资风暴中，因与股东不合，所有的资金都付诸东流，不仅血本无归还欠了一大堆债务。在这当中，我自认责任最大，因为股东是我找来的娘家亲戚。然而此事整整拖了好几年，我的先生从没有对我有任何言行举止上的责怪或不满。

就是在最艰难的时刻，他都没有说过难听的话，甚至还安慰我说："他们是你的至亲，你一定很难过。"他是一个有恩慈的人。他不只对自己的妻子有恩慈，整个过程当中，甚至在被投资的股东责怪时，他也没有回过任何重话。这真是让我钦佩不已，感激在心！

许多学员没有看过我的丈夫，只听过我诉说我们的故事。又看我能言善道、精明能干的样子，便认为我必定很会挑选丈夫，于是想当然地认为，我的先生一定英俊高挺。其实，我老公的身高与我完全相等，再加上女人喜欢穿高跟鞋，他站在我旁边时，明显比我矮一点。只是他都不承认，并喜欢坚持他比我高1毫米。

当我们走在一起时，他很爱与我勾肩搭背。想想他比我矮一点，又将膀臂挂在我的肩上，而我自己都已走不动了，还要背着他的一只胳膊，简直累死了！所以我常会闪开来不让他搭。此时，先生总会很遗憾地说："唉，我只要再高两寸就好了。"我就晓得他对自己的身高的确很气馁。

有一次我和先生一起走在路上，他又将手臂很自然地搭过来，我也很自动地躲开，于是他就又在那里感叹自己不够高。我想我得好好表达我对他的欣赏，让他知道我并不在乎他的身高，更在乎他的人品。于是我赶紧告诉先生，因为他过去处理投资风暴事件，如何以恩慈及高尚人品对我及他人，所以我根本不在乎他的身高，他在我的眼中甚至就像巨人一样，使我景仰不已。

多练习，就会习惯

刚开始学习称赞时会不自在，还可能有起鸡皮疙瘩的肉麻感觉，但是练习久了肯定会越来越习惯。我常说，久而久之不只"赞美的话"朗朗上口，甚至也就会把肉麻当有趣！曾有学员向我抗议："都是我称赞别人，那谁来赞美我呢？"我就向学员们提出挑战：若你能够连续每天两次，对配偶言之有物地做出称赞，保证两周后，你的配偶会回过头来称赞你。若是没有，你可以与我联络，我来赞美你！至今仍没有人因此事与我联络！

投其所好，获得高分

以下是对夫妇日常生活的一些提醒。

①他犯错时，她没有立即提忠告，或说"我早就告诉过你。"

②他开车时迷路了，她没当一回事。

③他忘了带回某些东西，她说："没关系，下次记得带回来。"

④他又忘了带某些东西回来，她用耐心及信任的口气说："没关系。"

⑤她请求支持，但他说不，她不因他的拒绝而受伤，反而相信只要他能，他一定会给予支持。她没有因此否定或拒绝他。

⑥他要求她做某事，她心情愉快地答应。

⑦他回家时，她很高兴看到他。

⑧他忘记钥匙放在哪里，她没有把他当成没有责任心的人。

⑨他开车或停车时，她没有给忠告，事后还感谢他到达目的地。

⑩她平静地表达她的消极感觉，没有责怪拒绝或否定他。

有智慧的女人会记得"士可杀不可辱"，不断感激先生的付出，接纳他的缺点，信任他的能力，并且经常赞美肯定丈夫的动机与人品。满足了先生情绪的需要，夫妻关系必会拨云见日，更上一层楼。

10 沟通知多少

知道如何积极地聆听及表达

就能够扫除沟通的阻碍，

夫妻之间是能够"相爱无碍"的。

成功婚姻中一个最重要的课题就是"知道如何沟通"。根据高特曼的统计，如果夫妻没有爱的存款与修护，又没有良好沟通，则离婚率高达97.5%。可惜大多数夫妻没有努力经营爱情，亦不知道如何良好沟通。

就像选择房产最关键的三个要素是地点，地点，还是地点。成功婚姻的三个关键要素是沟通，沟通，再沟通。

夫妻沟通五大抱怨

根据欧森（Olson）父女所著的《共创活力的婚姻：亲密关系的十大指标》（*Empowering Couples: Building on Your Strengths*）一书

里的调查发现，夫妻沟通的五大抱怨如下。

1. 我的配偶不分享感受

我们对所爱之人的想法与感受非常在意，很希望能在对方痛苦时分担，快乐时共享。但是却发现有82%的夫妻抱怨，自己根本无法走进对方的世界，何谈同甘共苦！

2. 我很难向我的配偶开口说出我的需要

许多人以为好的伴侣就是无怨无悔，无欲无求，所以有75%的配偶，就算真有需要也不敢提，怕对方以为自己不知足。

3. 她／他不了解我

也有不少时候，话是讲了，只不过都是各说各话，彼此根本没注意聆听，充其量是"有听但没有听到"。所以，有72%的夫妇觉得对方不了解自己。

4. 我的配偶经常拒绝讨论我们的问题

配偶由于过去动辄得咎的不好经验，于是经常逃避讨论，或是转移话题。这不但对沟通没有帮助，反而会引起伴侣的埋怨。71%的夫妻有这个问题。

5. 我的配偶经常批评我

有67%的夫妻表示，我们不要讲话还好，一开始讲话不但没有贴心话，反而只有负面的批评指责。

人人渴望深层沟通

人与人沟通从最表面的问候语开始，如"你好吗"，到进一层报告事实，如"今天高速公路大塞车"，都算安全性很高的沟通，因为这些都不牵涉思想与情感。但是要有更深入的关系，就要分享想法，如"我想你应该减肥了"，这样的话语一出，就会引发听者的看法与情绪，危险性就高一些。

若要有更深入的交谈，则一定要谈到感受，如"我挺担心的"。然而最深入的沟通是，敢在对方面前毫无隐瞒地将自己最不光彩、最脆弱的情感，坦诚分享出来，如"我觉得我是一个差劲的配偶"。

大部分的沟通都只停留在表面上的寒暄及事实报告，但是人们却渴望有深层想法与坦诚情感的沟通。

既然大家都渴望有深层的思想与情感交流，也就是渴望"找到知音"，以期能心灵相遇，却又往往做不到，究竟是有什么阻碍呢？原来说者与听者在互动中经常无法放下自己的价值观及前提，常会造成不良沟通。

良好的沟通

每个人的心态、思路、价值观都会影响自身表达与解释的方式，也就是每个人都有一个沟通"前提"。再加上说者不习惯直截了当地表达，经常东拉西扯，隐藏真意，拐弯抹角，往往几十分钟过去了，还没有说到正题。等到言归正传的时候，若真要注意倾听，可能早已晕头转向、不明就里了。

而听者也有自己的心态、思路、价值观及解释的方式，也就是说，听者也有自己的接收"前提"。于是说者与听者都从自我本位出发，因此很容易造成沟通误解与落差。听者应以说者的前提来听，才不会造成沟通落差。

沟通的阻碍

1. 说者语意欠明确

讲话的这方，话没讲完全，就假设听者已经听懂。特别是夫妻常有的错误期待就是，对方若是爱我，应该知道我的意思。如此一来，沟通落差就常常发生。

当一方抱怨"你怎么不会体贴一点？"却没有说清楚自己想要什么，听者也就防御性地回答："我哪里不体贴？我已经不错了！"

2. 听者以自我为前提

人类思考的速度几乎快于说话速度的3到5倍，再加上注意力又短，常常说者还在斟酌词语，描述一件事情，听者的思绪早已天马行空，无处可寻。所以聆听的时候，我们经常是以自我中心，消极地听。

消极地听

· 以自己的想法及价值观在听

没有以客观的角度接受对方的信息。

· 注意力在自己身上

以自我过去的经验投影反射在对方的谈话内容上。

· 目光没有接触

当太太问丈夫："你爱我吗？"丈夫头还埋在报纸堆里，连看都不看一眼久说："当然爱。"这样的回答很难使太太信服。

· 没有回应

最糟糕的是根本就没有反应。

于是有时候，当说者看对方根本没有在听而要求听者复述刚才所说的话时，没想到对方也能够讲出个大概来。但这只不过是大脑听力的30秒残留的记忆，并不能算是有在聆听，更不能算是积极聆听。

3. 期待对方立刻改变

许多时候我们以为只要讲清楚说明白以后，对方就会照着去做，从此便可以高枕无忧。没有那么简单！沟通不是强行灌输自己的意见给对方，果真如此，就变成了"命令"而不是"沟通"。就算你的配偶完全了解而且也同意你的看法，但是从同意到付诸实行还有一大段距离，正是所谓的"知易行难"！

大家想想看，当我们看好书或是听专家演讲时，也是非常同意和赞许对方的看法的，但是却不是回家后就会照听到的去做。前面也提到，研究显示，一个重要的观念最少要听7次，才会对听者产生影响力。所以不要期待对方立刻改变。

完整的沟通

沟通专家表示，完整的面对面沟通绝不仅是文字而已。事实上文字只占全部沟通的7%，实在是少得惊人。而沟通当中占据绝大部分的比例是声调和肢体语言，说话的声调占38%，肢体语言占55%。乍一看，许多人觉得不可思议，只要看看以下的例子就可以一窥端倪。

一位先生对妻子说自己又要出差，太太柔声又怜惜地回答说："什么？又要出差！好吧，需要就只好去吧。"说完并走过去，爱抚着老公。

另一个家庭也同样出现了先生要出差的情况，只是这位太太提高嗓门、横眉竖眼地说："什么？又要出差！好吧，需要就只好去吧！"说完气冲冲地转身上楼，并用力关上房门。

这两个太太所说的话，字面上完全一样，但是真正的含义却截然不同。

第一个家庭，妻子表现出怜惜丈夫的辛苦，以及无奈感。第二个家庭，丈夫不能只听字面上的意思，应从太太的声调与肢体语言中得知，其实她已经非常生气。可能这位老公最好还是不要去出差，不然可能出差后回家发现门锁换了，进不去自己的家门都还不知道是怎么回事！

沟通的目的

1. 了解对方

既然每个人都想要有人能了解我们，那么，想要别人怎样对待我们，我们要先怎样对待别人。所以，沟通的首要之务就是了解对方的想法，而不是要说服或改变对方。既然如此，聆听的耳朵是不可或缺的，要注意听出对方话语背后的情绪，并积极响应。

先处理情绪，后处理问题

假若配偶说："你管得太多了。"

通常听者会急着解释："我还不是为你好，吃太咸会得心脏病。"

"每次都是你的歪理，我又没有心脏病。"对方也会回敬说道。

于是公说公有理，婆说婆有理，最后不欢而散。最好是先处理情绪，后处理问题。先将对方的情绪响应出来，如："你是不是觉得有被控制的感觉？"假如配偶说："你不了解我。"就说明对方有失望或孤单感，这时应学会读懂对方的潜台词，以及内含的情绪意思。当对方的情绪被了解以后，耳朵才会打开来，听取建议。也就是"心被了解了，耳朵才会张开"。

积极聆听

·肢体专注

倾听时应放下手边的事，眼睛看着对方，微微点头响应，以示专注。

· 放下成见

不要让过去的经验成为绊脚石，要努力尝试以客观的方式倾听。

· 了解感受

听时若是能将其情绪指出来，将使对方感受到被了解，也就是能以同理心倾听，沟通已经成功一大半。

· 耐心等候

有些人，一般而言是男士，需要时间及气氛才能敞开心胸，畅谈心事。这时极需听者耐心等候，先不要急着替对方接话。未曾听完先回答就是愚昧与羞辱。

2. 使对方了解我

适当表达出自己的想法与感受，却不伤害对方的情绪，是第二个沟通的目的。大部分人都习惯用批评指责的方式讲话，这会引来不必要的防御心态，以至于造成沟通中断。

先生向太太解释如何使用新的计算机软件，解释了几次太太还是不了解。先生不耐烦地说："你怎么这么没脑筋！"

太太也不甘示弱，赶紧辩解以保护自己："我哪里没脑筋，你自己才是笨，不会解释！"

使用适当的情绪词汇表达

我们应当学习以适当的词汇，讲述自己的情绪，而不要将矛头指向对方，这样才能使对方知道如何从你的角度来看事情。先生可以说：“当我说了几次你还听不懂时，我觉得很受挫，我不知道应如何解释才好。”起码，这样夫妻不必互相指责，也可以使对方意识到你现有的情绪。

可惜的是，我们在家中经常张嘴就数落对方，笨、懒、不负责任、不体贴、没脑筋、不主动等伤人的话语随口就来。声东击西、指桑骂槐的话也不少，最后夫妻自然就彼此伤害。

接机事故

有位太太带着孩子回娘家，度完两个月的暑假回来，心中期盼丈夫。没想到丈夫到机场接机，并没有热烈欢迎，脸色还不太好看。于是这位太太就问先生：“你是怎么了？你看看那边家庭的爸爸，笑眯眯的，你干嘛摆着一张臭脸！”没想到这位老公回答：“太太，那位先生是来送机的！”

其实，这位太太若能学习以温和的话语表达自己的关心与失望，可能效果会很不一样。她可以这样说：“老公我好想念你，还好吗？怎么看起来有点累的样子？”这样说太太不但没有指责，反而表现了关心，先生可能就会回答：“刚刚为了早点抵达机场来接你们，不小心开快车，被警察开罚单，心中很不爽快。”先生让人不舒服的行为背后可能是有具体原因的。

3. 达成共识

天生我才必有用！上天让每个人都不相同，因为在不同当中，我们才能更多地扩充生命的宽广度。心理学家也发现，一个有“欣赏不同之美”的能力的人，才能更享受人生。在沟通时尊重及接纳彼此的差异，不必争到你死我活，是你错还是我对。找出两全其美的方法以及双赢的政策，或是同意可以有不同的看法，都是达成共识的策略。

最固执的人

有一位太太抱怨自己的先生是世界上最固执的人。她举例说明：她一清早起来感觉天气转凉，就告诉先生等会儿起床时需要添加外套才不会感冒。但她稍后发现先生起床后根本没穿外套，于是这位太太很体贴地去帮丈夫拿了一件外套，放在餐桌旁，并要他吃完早餐后穿上。没想到，先生吃完早餐要出门了，仍然没有穿外套。于是，这位太太就将外套挂在车库前，并叮咛老公出门前务必要记得穿上。不一会儿，只见丈夫车子出了车库，外套还在那里，于是这位太太抓起外套，一路追过去，老公却头也不回地扬长而去。

这位太太想要以此证明，先生是世上最固执的人，却无法看见自己无理的坚持。冷热是很主观的感觉，但是这位太太却坚持要对方听从自己的意见，其实她自己才更固执！

沟通是一个大课题，需要多方学习才能有长足进步，此处只提纲挈领地讲讲沟通，感兴趣的读者可以了解一下我其他系列的沟通课程——"沟通红绿灯"。

11
建设性冲突

夫妻之间若能够学会建设性地处理冲突，

使冲突产生正面的效果，

反而会"互相漏气求进步"，

越吵越恩爱！

　　成功的婚姻不是没有冲突，而是知道如何处理冲突。借由正确处理彼此的歧见，可以使了解加深，使问题成为踏脚石，走上更宽广的道路。

夫妻冲突时常见问题

1.　总是同一个人承担所有的责任

　　在冲突当中，有一方永远都是对的，另一方总是替罪羔羊。也就是在吵架时，经常听到"都是你不好！"这样的话，使婚姻关系产生一边倒的不平衡现象。

事实上，人都会犯错，犯错后不仅不承认自己的过失，反而怪罪他人，要别人为自己的过失负责，就是"人我界线与责任"分不清，长久下来，必定会造成夫妻相处的压力。

2. 为了避免冲突而让步

两人当中，有一人总是委曲求全："好啦好啦，都是我不好。"这其实会造成此人情绪上的消极对抗，就算一时似乎息事宁人，冲突消失，但是负面情绪仍会在委屈方的心中酝酿。委屈方话语上可能不会说出来，却在肢体语言以及行动上露出马脚，最后对彼此关系仍没有好处。

3. 差异仍然存在

夫妻吵架往往是"公说公有理，婆说婆有理"，双方坚持不下，也静不下心来聆听对方。争执完毕仍然各持己见，差异不但存在，彼此的不了解甚至还会加深。

4. 各有不同解决方式

夫妻冲突后不只互不相让，甚至各人仍坚持自己的做法。看在对方的眼里，有如故意挑衅一般。

5. 为芝麻小事争吵

由于平常没有建设性地处理冲突，又缺少良好沟通，导致负面情绪累积，夫妻互动就如水火不容，关系剑拔弩张。于是夫妇中虽只发生了芝麻绿豆一样的小事，也会变成一发不可收拾的天大的事。

解决那可解的，接纳那无解的

两个不同的人要生活在一起，必定会大小摩擦不断。需要有智慧以分辨出什么是可解决的事，尽力找出双赢的方法。若是问题的产生是对方与生俱来的性格使然，就只能坦然接受。快乐与不快乐的婚姻，在处理冲突时最大的不同在于，前者知道如何建设性地处理问题，而后者却采取拆毁性的争执。正确做法是，解决那可改变的，接受那不可改变的。

建设性冲突 VS 拆毁性冲突

建设性冲突

当问题来时，会使用建设性冲突的夫妻，知道澄清问题所在，就事论事，对事不对人。诚心向对方表达自己正面与反面的感受。接受自己的责任，愿意改变，而不是一味要求对方改变来配合自己。最后找出双赢方法解决问题，建立亲密及信任感。

拆毁性冲突

反观使用拆毁性冲突的夫妇，遇见问题时很会翻旧账，10年、20年前的陈旧往事，犹如昨日一般，如数家珍地一件件搬出来重温梦魇。讲话时对人不对事，非常不客观，只提负面的信息，不断责怪对方，不觉自己有错。最后彼此之间嫌隙日增，亲密减少，没有信任。

"冲突花"

我的先生是一位务实又不太会了解暗示的忠厚老实人，偏偏我却是一个很不实际又喜欢让人猜我的心意的浪漫做梦人。结婚初期，记得那是老大出生后第一个母亲节快到时，我们一起去超市购物。看到缤纷的花卉，我赶紧向老公暗示："怎么有这么多赏心悦目的花！嗯，肯定是母亲节要到了，大家都买花给妈妈。"老公漫不经心地回答："可能吧。"于是我再补充说明："我们的女儿还这么小，还不会买给我这个新妈妈。"先生好像仍然没有听到似的"嗯"了一声。

我心想这样的暗示够明显了吧，于是接下来的几天内我经常满心期待老公会突然出现眼前，手中捧着花枝招展的鲜花给我。没想到左等右等，到母亲节当天外出办事回家后，仍然没有看到任何花的影子。我真是气炸了，跑去质问先生，只见此刻他才恍然大悟，急忙赶去买，只不过此时已经是下午时分，好的花都被买光了。

没多久，老公居然拿着一盆奄奄一息，只有花苞，不知道颜色的花回家。这下我已是忍无可忍，开始对人不对事地责怪先生，甚至婚前不相干的旧账，也翻出来一起算，将一切责任完全推到他的身上，并自觉委屈、倒霉才会嫁给他。发过一阵脾气之后，丈夫没有因此更会听暗示，而我们的关系也没有因此更加亲密。

"毕业花"

后来，在我学习用智慧处理我俩之间的差异之后，事情有了极大的改观。在我成为三个孩子的妈又有了自己的信仰之后，寒窗苦读了七年，回大学主修心理学，又继续深造神学院道学硕士。毕业前夕，想到这一生没有捧过像样的花，这下应该名正言顺的有毕业花，于是便向先生提出来，先生听后立即表示第二天就去超市买。当我一听说他要去超市买3.99美元的便宜花束时，脑中立刻浮起各种不满，想到自己辛辛苦苦完成学业，多么不容易，难道就不能买一束隆重一点的鲜花吗？马上想起就要发火，还好那时我已经学会管理自己的情绪，也知道该如何适当地表达自己的感受。

于是吸取过去的教训，我跟先生商量，因为自己希望有美好的回忆，可否去花店订购一束比较别致的捧花？经过我说明并提供买花的信息，丈夫表示还是不知道我要什么，我干脆带着他去花店订购。在花店中，我选了喜欢的花束，然后他付钱，再由他送给我，皆大欢喜。先生不必再猜我的心意，我也得到了想要的捧花。问题解决，彼此亲密又信任。

建设性冲突的正面效果

1. 解除紧张

彼此不用再害怕没听懂暗示，只需要诚实表达心中的想法，夫妻相处自然会减少许多紧张。当我主动表达我的需要时，我的先生非常高兴他可以满足我的需要。

2. 减少愤恨

减少因为期待落差而产生的怨恨及怒气。我不再执意要对方猜出自己的想法，也不再认为"他爱我，就应该知道"。事实上，你的配偶很想讨好你，只是他／她不得其门而入，因为他／她的想法和性格与你有很大的不同。

3. 认清问题症结

夫妻双方应学习清楚表达，接纳对方的性格限制。就像"毕业花"的例子，问题的症结是，我要学习诚实表达自己的需要，也要接纳老实忠厚没有心眼的先生，不能强求他来配合我。

4. 促进了解，增进感情

每当事件找到双赢的方式解决，夫妻情感必定加分。在"毕业花"事件中，有人问我：会不会觉得这样不够浪漫？事实上，是有一点不够浪漫。但是当我手中捧着鲜花，内心的喜悦远多于失望，我享受先生给我的爱与付出，这就是以智慧积极处理差异的美好层面。

智慧就是：分辨什么是可改变的，然后努力去改变它；分辨什么是不能改变的，就与它共存，甚至想办法享受它。我可以选择继续暗示那位不明白暗示的老公，然后自己气得半死；或是选择接受他的不完美，就像他也接受我的不完美一样，而我仍然可以享受来自先生的爱情。

夫妻处理冲突的提示

1. 接受生气是正常情绪

人都有生气的时候，连圣人也不例外。只是，有些人"修养好"较少生气，有些人则动不动就动肝火。怒气有多种面貌，不一定要又吼又叫才叫生气。从消极反抗、冷嘲热讽到唇枪舌剑，都是生气的表现方式。正确面对生气的方式是先接受人都会生气，然后再来了解它，了解生气的真正原因。最后应学习管理它，根据怒气的来源来认识自己，进而管理自己的怒气，为自己的情绪负责。

2. 尽早让对方知道

有名言说，生气不可犯罪，含怒不要到日落。当发现自己在生气之后，要尽快找时间及机会让对方知道，好使你的伴侣有机会可以了解你，并采取建设性的冲突解决步骤。不要让怒气及不愉快在两人关系当中发酵，成为亲密的阻碍。

3. 约定时间处理冲突

处理冲突要懂得选择合适的场合与好的时机，以减少干扰，如孩子的干扰、电话的干扰。也要选择合适的时间，不要在三更半夜或精疲力竭的时候。例如，睡前就不是一个很好的时间，因为当人的身体疲累时较没耐心，较易产生怒气，也较易讲错话。

4. 预防情绪失控

夫妻应在平常时间里就先讲好，若是气氛越来越恶劣，应该如何预防情绪失控，才不会彼此伤害。以下有几个建议：

◇暂停

预先讲好，若是火焰高涨，一方或双方支撑不住快要恶言相向时，可以喊"暂停"，好让彼此退一步海阔天空，冷静一下。至于暂停规则，也要先沟通清楚。通常一个人在盛怒之下，最少需要半小时至一小时以上，情绪才能恢复平静。所以需要彼此清楚暂停时间应多长，以及暂停过后要在什么地点继续讨论问题。也就是说，暂停的时间与地点都要预先设定，彼此清楚，这样才不会让对方以为你又要逃避讨论问题。

◇散步

换个环境，出门去走走，或者是去散散步，也会对平复情绪有帮助。

◇休息一下

生气很伤元气，有些人觉得小睡一下有帮助。有人去洗个澡，让自己头脑清醒清醒。有人喜欢独处一下，或者听听音乐。只要能让你感觉有得到休息，就是很好的帮助。

处理怒气是一门学问，读者需要多方涉猎知识、学习方法，我有一套光盘课程"怒气与压力管理"可供参考。

快乐的婚姻是夫妻两人一起营造的，并不是要双方思想一致，而是要两人一起思考，找到双赢的办法。幸福的婚姻不是没有意见不合的时候，而是两人彼此信任，愿意改变，一起找出双方都能接受的办法来解决问题。

12

吵架须知与修护

夫妻吵架，

争吵修护，

偶尔擦枪走火的小火苗，

一定要在最短时间内扑灭，

从而转化为滋养婚姻的甘露。

夫妻吵架须知及争吵后的修护，能让偶尔擦枪走火的小火苗尽快扑灭浇熄，甚至转变为滋润婚姻的甘露。

再幸福的夫妻也有意见不合的时候。但是调查发现：婚姻美满的夫妻吵架时，可不是兴之所至就口无遮拦。这些夫妇虽然不一定有明文规定，但是都心里有数：到底这场仗最终要怎么打？何时？何地？如何吵出结果？所以成功的婚姻不是不吵，是不能乱吵，要会吵！

夫妻吵架须知

1. 不要沉默

夫妻关系中，沉默不是金。当两人有不愉快的情绪时，却不表达出来，就是在囤积负面情绪，必定泛滥成灾；又像是一口焖烧的高压锅，没有突破口，最后会爆炸伤人。

沉默之墙＝沉默像一面墙，将配偶挡在墙外

a. 对沟通没有帮助

沉默对沟通绝对没有帮助，因为你的配偶对你无从了解起。而且也不要再异想天开，奢望你的配偶学会"测心术"！你的配偶或许会感觉到你的不愉快，但是却不懂你为什么生气。最后差异仍然存在！

b. 操纵配偶的手段

"你为什么不说话？拜托你说话好不好！"当配偶哀求沟通时，沉默的这方借着不说话来挟制及操纵另一方。

c. 由于过去不好的经验

过去累积的经验显示，说了于事无补，甚至反而动辄得咎，所以干脆就不说。也有可能是，觉得表达了也没用，因为对方根本不想听。

出差搬家

有一对夫妻，妻子总是以"沉默是金"的方式回应丈夫，直到有一天，当这位太太到了忍无可忍的地步时，趁着先生外出出差就独自把家给搬了。

等到她的先生出差回来，找不到自己的家，才知事态严重。经过调解，妻子才讲出自己累积的各种不满：不帮忙做家务，从不送生日礼物，回家电话与女同事聊天等。

原来太太已经对自己的先生累积怨气多年，对先生在诸多方面都很有意见，却忍气吞声，以为先生若是爱她，就应该知道要改变。而这位先生多年来不明就里地以为娶到一位逆来顺受的妻子，还沾沾自喜。

最后经过互相了解以后，做丈夫的恳求妻子再给机会改变，妻子也答应要学习表达需要，婚姻因此才有了转机。

如何鼓励沉默配偶开口

a. 让他／她知道你愿意听

将前面所学到的适当表达及积极聆听的技巧拿出来练习。尽你所能，让对方知道，你愿意在沟通上改进，愿意倾听他／她的心声。在良好的沟通过程中，愿意"积极聆听"比"讲话"更重要。

b. 让他／她选择沟通的时间

不要来势汹汹地说："你现在就说，我正在听！"若是这样，对方要不是被你吓得魂不附体，什么都说不出来，就是对你的态度反感，反而什么都不想说。需要给对方空间，让配偶选他／她感觉最合适的沟通时间。

c. 制造安全接纳的气氛

若是配偶说出心中的不满时，就算他／她误解了你的意思，也不要急着解释，不然又要掉回过去不良沟通的窠臼里。学习接纳对方的感觉，感觉是没有对错之分的。

"你给我说"

有一幅漫画是这样的，一位太太怒发冲冠，一手插在腰上，另一只手拿着一个玻璃罐，只见先生弓着身子躲在沙发的背后，手上挥着一面白旗。太太势不可挡地说："你说，你说，你给我说！"在这样的情形下，任谁都不敢说好说歹，因为一旦说错话，玻璃瓶子就有可能砸到自己的脑袋上。

一般来说男人口才没有女人好，不是伶牙俐齿太太的对手，也就更加沉默。夫妻之间长期沟通不良，关系中没有安全感，彼此肯定更不愿表达。然而，当对方感受到你真诚愿意聆听的意愿，有让他／她选择最合适的时间来沟通，又有安全接纳的气氛，才愿意讲出内心所想。

2. 诉苦不批评

当我们在生活上无法感受和谐而痛苦时，常会将怒气发泄在配偶身上，结果使关系更加疏远。若是我们通过学习，学会以不指责的口吻表达自己的痛苦，配偶就不会感受到被怪罪的难堪，也就不用急着保护自己。这时，你就能看见所爱的人正在痛苦之中，也就会努力化解双方矛盾进而增进与配偶的亲密感。

每个人都会遇到痛苦和不快乐的事情，夫妻在表达痛苦的时候，若指着对方："都是你不好，都是你不够体贴，都是你的错。"像这样的指责于事无补，只会激化矛盾。对方若被激怒回答："我不好，你又好到哪里去？"双方就会更加疏远。

两败俱伤

我常在课堂上任请一对夫妇上台来演练：当女人不高兴并责骂男人的时候，就像是老虎发威一样张牙舞爪；而男人刚开始被骂时，往往赶紧抱头躲藏，只是正常人都无法长期忍受挨骂，最后受不了就会奋起反抗。当男人一旦"病猫变老虎"后，这下便轮到女人抱头躲藏，只是女人也无法长期忍受指责，最后受不了也会起而反抗。于是，夫妻轮流对抗，"冤冤相报何时了"，无止境地重复，结果就是两败俱伤。

解决夫妻之间的对抗关系最好的办法就是，不要再互相指责。人生充满挑战，在社会拼搏已经像在打仗，回到家中夫妻不能好好相处，还要继续作战，这样的生活可怕又累人，还是化干戈为玉帛的好。配偶是自己所爱的人，也是爱自己的人，当有不顺心的痛苦事件发生时，不要再用指责的方式，而是应该诚实地让对方看见自己的痛苦。配偶看见你的痛苦，就会心生怜惜，冰释前嫌，相互拥抱，甜蜜携手，就能真正享受上天创造的婚姻。

所以"诉苦不批评"的公式是：

"痛苦" - "指责" = "亲密"。

痛苦 - 指责 = 亲密

a. 不责备的沟通

先叙述事实，再加上感受。"当我整天关在家里带小孩没有与外界接触时，我常觉得很没有成就感，身心都好累。"

b. 语气上可稍作停顿

叙述时不要像连珠炮又猛又狠一讲就停不下来。语气上要注意委婉，不要有火药味，不然就又会被对方解读成指责。

c. 感谢他／她的倾听

你要感谢配偶愿意了解你的感受，使你可以纾解情绪。让对方知道你纵使对生活有所抱怨，仍然感激他／她的努力与支持。所以可以说："很高兴能抱怨这些事，我觉得舒服多了。""能在你面前畅所欲言，真让我放松不少！""好，我现在讲完了，很感激你的倾听与了解。"

3. 对事不对人

争吵时不要落井下石翻旧账，要学会对事不对人。

a. 不翻旧账

翻旧帐就像将过去半年前、5年前、20年前已经臭不可闻的垃圾拿出来闻一闻，不但无济于事，反而会使问题焦点模糊，让我们不知从何解决起。

b. 不损姻亲

姻亲可以是祝福，也可以是婚姻的绊脚石。很不幸的是好像后者占大多数。夫妻争吵时不应在言辞上贬损对方的亲人，"你越来越像你妈一样，啰里啰唆""你跟你爸一样，懒惰成性"之类的话，一次就伤到了两个人。

配偶身上的毛病若真是原生家庭遗传的结果，再如何争吵，也无法改变！聪明的夫妻不会缘木求鱼，要求对方去改变姻亲，更不会故意贬损配偶的亲人。

c. 不进行人身攻击

"笨蛋""自私自利""窝囊废""没用的家伙"等人身攻击的话都不可说，因为这是非常不尊重人的，是对别人的毁谤。要将自己的需要、期待，甚至失望，都明明白白地讲出来，而不要再以话语当利剑伤人。

对待怒气冲天的配偶，有以下提示：

①不要说："好了，不要生气了。"因为当人被怒气冲昏头脑时，不但听不进这样的劝告，反而还会因为你不了解他／她为何生气产生相反的效果而更生气。

②可以心平气和地向对方说："很抱歉，我惹你生气了。我愿意道歉，我应该怎么做？"

③不要抢着回答对方的问题，可以等3秒钟，稍作思考后再做答。

④假若对方不断指责说："都是你害的！"也不要因此就被对方激怒，与其针锋相对，还不如在心中告诉自己，这不一定全是我的错。

⑤最好坐着回答，这样较不会让生气方感觉受到威胁。

当聪明的马，不当愚蠢的驴

人们喜欢说马是聪明的，而驴子则是很愚笨的。野生动物学家也证实了这样的说法。

当一群野马在野地遭遇到狼群袭击时，就会聚集在一起，将马头朝里，尾巴朝外，同时以马最有力的武器——马后腿——猛力

"踢掉"来袭的危险。

而当野驴们遇到狼群来袭的时候，虽然也是会像马群那样聚在一起，却是将驴头向外面对视野狼，尾巴却朝内。它们同样也运用它们最有力的武器——驴后腿——猛力地踢，只不过它们不但不能踢掉危险，反而是踢了自己的队友。

结果可想而知，笨驴就这样互相"乱踢"一通，彼此踢得伤痕累累，最终还是被狼统统吃掉了。

夫妻是一体的，在面对生活的压力和外来冲击的时候，要向聪明的马学习，合力把问题踢掉。不要像愚蠢的驴，夫妻不同心，互相"乱踢"，彼此伤害。

4. 抱怨中带出解答

讲话不要过分夸张，学习降低声调，并在抱怨中将解决方法带出来。

与其说："你看你脏衣服丢满地，把房间弄得像猪窝一样。"

还不如说："如果我把洗衣篮拿来，是不是可以让卧房变得比较整洁？"

你就只会自己吃

有一次我们夫妻得知一位友人新婚，就相约一起去餐馆吃饭。这位新婚丈夫其实以前原本有意追求我，只是我嫌他年纪与我相差太多没有交往。

在餐桌上，只见那位新婚丈夫不停地为他的妻子夹菜，把妻子面前的盘子里菜都堆满了，可他还一直问妻子"要不要这个""要不要那个"的。反观我的先生，只会埋头吃自己的，而我的盘子里却空空如也。

于是我主动叫我先生帮我夹个菜，只是这位老兄我叫一回，他就夹一次，绝不多夹！等吃完回家之后我就开始发飙："自私、不体贴，就只会自己吃，连我夹不到的菜也不会帮我。从以前到现在都一样，真是'老狗学不了新戏'。我真是倒霉才会嫁给你。"骂是骂过了，可是下次出去吃饭的时候，他还是"外甥打灯笼——照舅（旧）"。还好后来在婚姻中有学习，知道这样唠叨是没有成效的。

于是我就开始动脑筋，找出解决方法。后来当我们出去吃饭时，我就看准了先生的筷子，当他的筷子要伸出去夹菜的时候，我赶紧将我的盘子也递过去。他看到我的盘子就问："你也要这样菜啊？"我紧接着笑脸迎人地说："对啊！你真好，还帮我夹菜！"这样良性循环后，他就渐渐懂得给我夹菜了。

既然对方"江山易改本性难移"，就只好靠自己学习变通，以表扬和夸赞的方法，使对方在受到鼓励后最终也会做出改变。

往事无法忘怀

如果你发现你的配偶不断地反复重提一件十几年前的往事，那么很可能他／她对那件事内心仍然耿耿于怀。你就要好好正视这件事，并且要寻找机会解决。选择合适的时间和地点，好好地倾听配偶的心声，若需要道歉，则要郑重道歉，好使配偶最终可以消除心中怨气。

夫妻争吵后的修补

夫妻两人冲突之后要有修补行动，才能吵出结果、解决问题，也才不会将怨气累积在心中，这样的行为更是日后子女婚姻中的好榜样。

修补四步骤

1. 肯定对方感受

既然个人的感受没有对错之分，就不能告诉对方你不应该有这种感觉，或是急着解释自己的动机，而是应该表示了解与接纳。当一个人的心情被了解之后，耳朵才会打开来听对方的解释。

你可以说以下这类的话作为改变对方情绪的开场白：

"害你那么紧张，你一定吓坏了。"

"你当时一定又急又气，也很失望。"

2. 接受自己该负的责任，并请求原谅

虽然冲突当中，双方都有疏忽之处，但你需要为自己错误的部分道歉，而不要说："我有错，你也有错！"

若是配偶还没有准备好承认自己的错失，将会惹来另一场战争。

接受自己该负的责任，可以说："真对不起，这事我有做得不对的地方，请原谅我，好吗？"

但是为了让配偶有机会为他／她自己的情绪负责，所以也不必将所有责任都揽到自己身上而说"都是我的错，全都要怪我"！

3. 澄清并解释缘由

你做过前面两个步骤之后，就可以开始解释及澄清自己行为的缘由。因为这时配偶才能心平气和地听你的解释。若是略过前面两项，直接就想解释，你就会愈描愈黑，怎么对方好像总有办法扭曲事实。

4. 修复所造成的伤害

最后一个步骤可以问配偶："你现在有没有觉得好些了？"或是："我能做点什么，怎样会使你觉得比较好呢？"

这样彼此不再心存芥蒂，两人和好如初，更加清楚彼此的需要。

有些夫妻可能会觉得这样做很奇怪，感觉很不自然。其实是因为过去没有这样做过才会感觉奇怪，若是经常练习就会习惯成自然。

越帮越忙

有一个星期六的早晨，我要去较远的教会授课，在匆忙准备出门前，又忽然想到有事情需要交代儿子。在与儿子交谈时，我似乎看见先生将我的公文包拿到车上。等到我发现时间已有点赶的时候，于是急急忙忙开车上路。车子转出小区要上高速公路之前，我转头一看，不禁大呼"糟糕"，车上没有看见我的公文包。我担心会不会忘记带，于是停到路边，终于在车后厢找到了公文包。

回到车上，我心想得告诉先生此事，让他知道我喜欢把公文包放在身旁的副驾座位上，要一目了然我才会放心。于是，我用手机打电话给先生告诉他这件事情。

没想到的是，可能是自己的口气不佳，先生那边的回应居然是："这有什么好气的。"

原本我的用意并不是要兴师问罪，但是被他这么一说还真的生气起来。结果一来一往当中，我就说了一句："越帮越忙！"最后先生也生气起来说："好嘛，那我以后都不要再碰你的公文包，可以吧？"

冲突到此，再讲下去，恐怕要恶言相向了，于是我们暂且休战。

那天我回家后，先生还装成没事一样，可我一看到公文包就有气，因为争吵后没有做修补的工作。于是，我主动提出需要沟通：首先，我肯定了他对我的关爱，因为这样他才会主动帮忙拿公文包；然后也为自己口气不好道歉，最后才解释及澄清我打电话的真正理由。

我还告诉他，他说"以后不再碰我的公文包"这样的话使我很伤心，因为我还是很喜欢他帮我的忙的。当然，我的先生也赶紧为自己的态度与所说的话向我道歉。

一个简单的道歉，一个婉转的解释，往往能使冲突争吵得以修补，冰释前嫌，和好如初。懂得修护夫妻的关系对婚姻美满起到至关重要的作用。

将人生化为珍珠时刻

通过对本书的阅读学习，我们学到许多夫妻相处之道，从而会认识爱与尊重这两者是密不可分的。我们也会从中了解到男女之间会有所不同，以及如何取悦彼此。

同时，我们也会了解到婚姻中良好的沟通及解决冲突的艺术是一辈子都需要学习的内容。希望读者能够将所学的知识身体力行于婚姻当中。你当然可以有许多借口推托，如要改变太难了，没时间，不习惯等，于是反复在错误当中打转，日子照样一天一天地过去。你也可以选择运用学到的知识与方法来经营你的婚姻，让你的婚姻有所改变，并有美好的结果。

改变不是看一本书就会自然发生的事情，而是需要你有强烈的动机，再加上不断练习，掌握好的方法，这样才会使你的婚姻幸福，你也就胜利在望了！

就好像珍珠成型的过程一样，首先是因为有一粒沙子进入了牡蛎体内，使它感到了不舒适，于是它努力分泌出珍珠液，将沙子紧紧包裹起来，随着时间的流逝，渐渐就孕育了晶莹润泽的耀眼珍珠。

婚姻中常有使夫妻有感到不舒适的时候，但是若能努力经营、刻意修护，就像是在人生中将珍珠串上，最终我们的婚姻也就会像一串串被串起来的宝贝珍珠项链！

在此，我祝福您的人生将会拥有一场美满而充实的婚姻，就像一串璀璨而珍贵的珍珠一般！

附录一

夫妻角色调查

强烈反对（1分）　反对（2分）　不知道（3分）　同意（4分）　强烈同意（5分）

a. 男女在职业追求上是平等与同样重要的。

b. 我们需要多多磋商及让步，才能达到平等关系。

c. 如果两人都工作，丈夫应与太太做同等量的家务事。

d. 家务分配应以兴趣与专长为标准，而不应按照传统习惯来分配角色。

e. 夫妻应一起做决定。

（总分21~25表示平等关系，总分15~20，11~14，5~10为传统关系）

附录二

50种浪漫点子

1. 将你们如何相识约会的过程写下来，装订成册。

2. 列出伴侣最好的特质。

3. 一起去参观博物馆或画廊。

4. 注意配偶外表及装扮上的细微变化。

5. 泛舟同游。

6. 手牵手散步。

7. 描绘梦想中房子的平面图，再和配偶讨论房间的每个细节。

8. 在橱柜里放一些配偶喜爱的食物。

9. 给对方揉背按摩。

10. 租一部感人的爱情影片两人依偎观赏。

11. 点燃蜡烛，熄灭电灯，彼此倾吐心意。

12. 乘车兜风。

13. 月光下游泳。

14. 为对方写诗句并大声朗诵。

15. 他向你述说今天发生的事时，眼睛看着对方。

16. 告诉你的配偶我很高兴娶／嫁你。

17. 从背后拥吻你配偶的后颈。

18. 在每天繁忙的工作中停下来，用15分钟和配偶聊聊。

19. 创造你们自己特别的纪念日。

20. 做一些配偶爱做的事，既使你对那些事没兴趣。

21. 写情书给对方。

22. 一起唱歌。

23. 一起看日落。

24. 在餐馆用餐时两人同坐一侧。

25. 湖畔野餐。

26. 给对方按摩脚部。

27. 下雨天不便外出时，一起玩拼图。

28. 月光下泛舟。

29. 告诉你的配偶：我宁愿在此与你相依，胜过置身任何地方。

30. 在众人拥挤的屋子里，对着配偶耳边轻声细语。

31. 烛光下对酌。

32. 给床单洒上香水。

33. 在床上享用早餐。

34. 看旧照片缅怀过去时光。

35. 周末相偕出游。

36. 用两根吸管享用一杯饮料。

37. 雨中拥吻。

38. 梳理配偶的头发。

39. 一起乘坐游乐场的旋转木马。

40. 在广播电台点播一首歌献给对方。

41. 从屋子另一端向配偶微笑眨眼示意。

42. 为对方放水预备热水澡。

43. 买新的柔软舒适被子。

44. 在家中当你们擦身而过时，柔情地碰触对方。

45. 重现第一次约会时光。

46. 一起种一棵树，纪念你们的婚姻。

47. 一起去放风筝。

48. 同赴从未参加过的活动。

49. 白天用点时间想念对方，在晚上分享心中的思念。

50. 现在就放下手边的一切，为配偶做些事。

附录三

五种爱的语言　评量

测量爱之语					
	A	B	C	D	E
1a. 我喜欢听到被你肯定的话语。 1b. 我喜欢你拥抱我。	X				X
2a. 我喜欢和你单独相处。 2b. 我喜欢你用行动帮助我。		X		X	
3a. 我喜欢你送我礼物。 3b. 我喜欢和你一起散步。		X	X		
4a. 你帮我处理事情时我感到被爱。 4b. 你抚摸我时我感到被爱。				X	X
5a. 你用手抱我时我感到被爱。 5b. 你送我礼物时我感到被爱。				X	X
6a. 我喜欢和你一起外出。 6b. 我喜欢牵你的手。		X			
7a. 象征爱的实物（礼物、卡片等）对我很重要。 7b. 你对我表示肯定时我感到被爱。	X		X		

测量爱之语	A	B	C	D	E
8a. 我喜欢坐在你身旁。 8b. 我喜欢你称赞我。	X				X
9a. 我喜欢和你共度时光。 9b. 我喜欢你送我一些小礼物。		X	X		
10a. 你的一些接纳我的言辞对我很重要。 10b. 你对我的帮助对我很重要。	X			X	
11a. 我喜欢我们一起做事。 11b. 我喜欢你对我说些鼓励的话。	X	X			
12a. 你做的事比说的话更能影响我。 12b. 我们拥抱时我感到满足。				X	X
13a. 我看重你的赞赏且尝试避免被你批评。 13b. 收到你的一些小礼物比一个大礼物更有意义。	X		X		
14a. 我们一起说话或做事时我感到亲密。 14b. 你抚摸我时我感到与你更接近。		X			X
15a. 我喜欢你称赞我的一些成就。 15b. 我很感激你为我做些自己并不喜欢的事。	X			X	
16a. 我希望你触摸我。 16b. 我希望你听我说话。		X			X
17a. 你帮助我做家务我感到被爱。 17b. 我很喜欢收到你的礼物。			X	X	
18a. 我希望你称赞我的外表。 18b. 你花时间来了解我的感受，我感到被爱。	X	X			
19a. 你抚摸我时，我有安全感。 19b. 你的效劳行为令我感到被爱。				X	X
20a. 我感激你为我做了许多事。 20b. 我喜欢收到你亲自做的礼物。			X	X	
21a. 我很喜欢你专心陪我。 21b. 我很喜欢你做些事来为我效劳。		X		X	

续表

测量爱之语	A	B	C	D	E
22a. 我喜欢你送礼物来祝贺我的生日。 22b. 我喜欢你用话语或卡片来祝贺我的生日。	X		X		
23a. 你送我礼物时我知道你爱我。 23b. 你帮助我做家务时我知道你爱我。			X	X	
24a. 我很感激你耐心听我说话。 24b. 我很感激你记得一些重要日子且送我礼物。		X	X		
25a. 我喜欢你协助我处理日常事务。 25b. 我喜欢和你一起旅行。		X		X	
26a. 你偷偷地吻我令我感到兴奋。 26b. 平时你送给我礼物令我感到兴奋。			X		X
27a. 我希望你对我说些赞赏的话。 27b. 当我们说话时，我希望你注视着我。	X	X			
28a. 你送给我的礼物对我都很特别。 28b. 当你抚摸我时我感到舒服。			X		X
29a. 你热心地完成我的要求使我感到被爱。 29b. 你诚心地赞赏令我感到被爱。	X			X	X
30a. 我需要你每天抚摸我。 30b. 我需要每天听到你对我的肯定话语。	X				X
每一栏的总分	A	B	C	D	E

"爱之语" 评分方法

· 将每题的a与b比较，选择较喜欢的那项，并将相对的序号圈起来。

· 最后将A、B、C、D、E五行内所有圈起来的总和写在最下方。

· 分数最高的，即是你的"主要爱的语言"。

· A. 肯定言语；B. 精心时刻；C. 接受礼物；D. 服务行动；E. 身体接触。

注意事项.

· A、B、C、D、E栏的总和分数加在一起应等于30分。

· 每行的总分最高不应超过12分。

· 若有同分数的项目，表示你是"双语"。

第二高分的，可算是你的"第二语言"。

附录五

沟通知多少

强烈反对（1分）　反对（2分）　不知道（3分）　同意（4分）　强烈同意（5分）

a. 我们很会分享正面与负面感受给对方。

b. 我的配偶很会聆听我的心声。

c. 我们会使对方知道自己的偏好与想法。

d. 我们可以很容易探讨我们关系上的问题。

e. 我的配偶很了解我。

沟通良好（21～25分）；尚可（15～20分）；需改进（11～14分）；急需改进（5～10分）